コンパクト 経済学ライブラリ 5

コンパクト
金融論

熊谷 善彰

新世社

編者のことば

　経済学の入門テキストは既に数多く刊行されている。それでも，そのようなテキストを手に取りながら，数式や抽象的理論の展開を目にしただけで本を閉じてしまう入門者も少なくない。他方で，景気回復や少子高齢化，労働市場の流動化，金融の国際化・ハイテク化，財政赤字の累増等，経済学に関係の深い社会問題自体には関心が高く，現実の経済現象が経済学でどのように捉えられるかという問題意識を持つ読者も多い。こうした傾向を捉え，いま，より一層の「わかりやすさ」「親しみやすさ」を追求したテキストの出版が求められている。

　これまで新世社では，「新経済学ライブラリ」をはじめ，「〈入門/演習〉経済学三部作」，「基礎コース［経済学］」等，いくつかの経済学テキストライブラリを公刊してきた。こうした蓄積を背景に，さらに幅広い読者に向けて，ここに新しく「コンパクト 経済学ライブラリ」を刊行する。

　本ライブラリは以下のような特長を持ち，初めて学ぶ方にも理解しやすいよう配慮されている。

1. 経済学の基本科目におけるミニマムエッセンスを精選。
2. 本文解説＋ビジュアルな図解という見開き構成によるレイアウトを採用。概念・理論展開の視覚的理解を図った。
3. 現実の経済問題も取り入れた具体的な解説。
4. 半年単位の学期制が普及した大学教育の状況に適した分量として，半期週1回で合計14回程度の講義数という範囲内で理解できるように内容を構成。
5. 親しみやすいコンパクトなスタイル。

　従来にないビジュアルかつ斬新で読みやすいテキスト・参考書として，本ライブラリが広く経済学の初学者に受け入れられることを期待している。

井 堀 利 宏

はしがき

　2008年の米国のサブプライム問題に端を発し，リーマン・ブラザーズの破綻により顕在化した世界金融危機は，これまで幾度も繰り返されたバブルの崩壊の一つともいえますが，証券化やデリバティブといった要素も加わり，影響は全世界に及びました。金融危機以前の金融工学礼賛の世相が一変すると共に，経済における金融の重要性を再認識させる事態となっています。

　本書は，金融について初めて学ぶ読者を対象に，金融論の初歩をわかりやすくコンパクトにまとめています。また，経済学についての基礎知識がなくても理解できる平易な説明を心がけています。さらに，数学・統計学についても予備知識を前提とせず，数式による説明も必要最小限にとどめています。本ライブラリの趣旨に従い，理論については現実の具体的な金融の諸問題に関連させて簡潔に説明し，統計図表を多数掲載しています。

　本書は全10章からなりますが，第8章から第10章までは講義2回分の分量があるので，計13回分となります。さらに，第3章あるいは第5章を2回分とすると計14回となります。

　本書の構成については以下の通りです。まず第1章では，物々交換から銀行券に至る貨幣の歴史からはじめ，決済に使用できる普通預金など現代の「通貨」について解説します。続いて第2章では，家計・企業・政府・金融機関・海外と大別したときのわが国における資金の流れについて概観します。第3章では，金融機関の機能，とくに預金取扱機関をはじめとする間接金融にかかわる問題を扱っています。第4章では，中央銀行の機能と金融政策について日本銀行の場合を中心として説明します。第5章では，マクロ経済学の入

門的な教科書の内容とも重なりますが，金融政策と財政政策について *IS-LM* 分析までの部分の要点をまとめました。

　第6章から第10章までは，ファイナンス理論と呼ばれる範囲でもあります。第6章では，国債・社債などの債券と金利について，第7章では，株式の仕組みと株式市場について解説します。第8章では，不確実性（リスク）のある状況における資産選択について資本資産価格モデル（CAPM）の導入部分を説明します。第9章は，企業の資金調達について企業金融（コーポレートファイナンス）の初歩です。章末には金融を学ぶ上で必要となる貸借対照表（バランスシート）や損益計算書，キャッシュフロー計算書などの知識について解説しています。最後の第10章では，先物，オプション，スワップ，さらにはCDSといったデリバティブを扱いました。章末にはサブプライム問題に端を発する近年の金融危機の経過について，本書の内容に関連する部分を簡単にまとめています。

　本書の刊行にあたって，まず執筆を薦めて下さった井堀利宏先生に心より御礼申し上げます。また企画から出版までお世話になり，構成等について多くの有益な助言を下さった新世社の御園生晴彦氏をはじめ，清水匡太氏，出井舞夢氏ほか編集部の皆様に感謝いたします。

　岩田暁一先生，辻幸民先生，田村茂先生をはじめとする慶應義塾大学商学部の先生方，森平爽一郎先生，浅野幸弘先生には大学院在学中からご指導頂きました。藤原浩一先生，砂田洋志先生，新関三希代先生には折に触れて適切なご助言を頂きました。厚く御礼申し上げます。

　また，本書は早稲田大学教育学部における金融に関連する科目の

はしがき

講義内容をもとにしています。教育学部社会科の先生方，とくに経済分野の柴沼武先生，大西健夫先生，稲葉敏夫先生，藁谷友紀先生，さらに社会科学部の葛山康典先生には，日頃のご指導に感謝致します。そして，教育学部設置科目における森谷博之氏をはじめとする招聘講師の方々，オープン教育センターのみずほ証券・新光証券寄付講座における講師の方々のご講義も参考にさせて頂きました。ここでお名前を挙げなかった多くの方々にも，この場を借りて厚く御礼申し上げます。

2009年12月

熊谷　善彰

目　　次

はしがき ……………………………………………………………ⅰ

第1章　貨　　幣　1

貨幣の3つの機能 ………………………………………… 2
歴史的経過：金属貨幣から銀行券へ ………………… 4
通貨発行益と通貨の価値 ………………………………… 6
金本位制：兌換紙幣と不換紙幣 ………………………… 8
金本位制と為替レート …………………………………… 10
現金と預金：法貨・通貨 ………………………………… 12
手形と当座預金 …………………………………………… 14
通貨量（通貨残高）の測定 ……………………………… 16
地 域 通 貨 ………………………………………………… 16
■本章のまとめ …………………………………………… 18

第2章　資 金 循 環　19

金 融 と は ………………………………………………… 20
各経済主体の傾向 ………………………………………… 26
家計の金融資産と資産構成 ……………………………… 28
■本章のまとめ …………………………………………… 30

第3章　金融機関の機能　31

金融機関の種類 …………………………………………… 32
預金取扱機関の機能 ……………………………………… 34

リレーションシップ貸出とメインバンク ………………… 42

不良債権の処理 ………………………………………… 44

信用秩序維持政策 ……………………………………… 46

中小企業金融 …………………………………………… 50

保　　険 ………………………………………………… 52

■本章のまとめ ………………………………………… 54

第4章　中央銀行と金融政策　55

中央銀行の役割 ………………………………………… 56

準備預金制度 …………………………………………… 60

信 用 創 造 ……………………………………………… 62

金融調節の手段と波及経路 …………………………… 66

■本章のまとめ ………………………………………… 74

第5章　金融政策と財政政策　75

貨幣需要とGDP：古典派の貨幣数量説 ……………… 76

貨幣需要と金利 ………………………………………… 78

貨幣市場：*LM*曲線と金融政策 ……………………… 80

財市場：*IS*曲線と財政政策 …………………………… 82

財市場と貨幣市場の均衡：*IS-LM*分析 ……………… 84

■本章のまとめ ………………………………………… 86

第6章　債券と金利　87

債 券 と は ……………………………………………… 88

債券の発行と流通 ……………………………………… 90

現在価値と将来価値，割引率 ………………………… 92

利付債と割引債 ·· 94
複利利回りと債券の理論価格 ························· 96
金利の期間構造 ··· 98
デュレーション（債券投資の実質平均回収期間）······ 100
格付けとリスクプレミアム ···························· 102
■本章のまとめ ·· 106

第7章　株　　式　　107

株式会社の仕組みと株主の権利 ····················· 108
株式の種類とその発行形態 ··························· 110
証券取引所 ··· 114
株 価 指 数 ··· 116
株式の理論価格，配当割引モデル ··················· 118
企業の合併と買収（M＆A）························· 122
■本章のまとめ ·· 124

第8章　資産選択理論　　125

貯蓄と消費の2期間モデル ··························· 126
不確実性と期待効用 ··································· 130
2パラメータ・アプローチ ··························· 132
分散投資の効果 ·· 134
最適ポートフォリオとリスクの価格 ················ 136
資本資産価格モデル（CAPM）······················ 138
市場の効率性 ·· 142
■本章のまとめ ·· 146

第9章　企業の資金調達　　147

内部金融と外部金融 ……………………………………148
最適資本構成：モディリアーニ=ミラーの定理 ………150
負債のてこ効果 …………………………………………154
正味現在価値と内部収益率 ……………………………156
情報の非対称性 …………………………………………158
負債のエージェンシーコスト …………………………160
経営者と株主の間のエージェンシーコスト …………162
契約の不完備性 …………………………………………162
証　券　化 ………………………………………………164
企業の資金調達のための参考知識 ……………………166
■本章のまとめ …………………………………………176

第10章　デリバティブ　　177

デリバティブとは ………………………………………178
先　物　取　引 …………………………………………180
オ プ シ ョ ン ……………………………………………186
ス ワ ッ プ ………………………………………………198
クレジット・デリバティブ ……………………………202
世界金融危機のメカニズム ……………………………204
■本章のまとめ …………………………………………212

文 献 案 内 …………………………………………………213
索　　引 ……………………………………………………217

第 1 章
貨　幣

貨幣の３つの機能

　貨幣には，**交換手段**としての機能があります。貨幣を使わない物々交換では，「米と引替えに魚が欲しい人」は「魚と引替えに米が欲しい人」を見つける必要があります。つまり**欲求の二重の一致**が必要であり，取引相手を探す手間や費用がかかります（**図1-1**）。そこで，多くの人が欲する財にいったん交換し，その財を自分の欲しい財と交換するという間接交換が行われるようになります。

　このとき，ある財を交換に使う人が増えるほど交換が便利になり，ますます使う人が増えるので，やがて媒介物は一つに収斂します。こうして交換の対価として確実に受容されるという性質（**一般的受容性**）を持つようになったものが，**一般的交換手段**としての貨幣です。世界の各地で穀物・塩・家畜・布・鏃などの生活必需品や貝，石などの装飾品が貨幣となりました（物品貨幣）。その中でも金・銀などの金属貨幣は交換手段として便利な性質（貨幣の適格要件；**表1-1**）を多く備えており，広く流通するようになりました。

　貨幣と財・サービスの交換比率が**価格**です。物々交換の場合は生活にかかわるすべての財・サービスの組合せについて交換比率が必要ですが，貨幣があれば価格だけで済みます（**図1-1**）。こうして貨幣が**一般的価値尺度**（**計量単位**）となると取引費用が軽減されます。

　このように貨幣には，交換手段として容易に財・サービスと交換できるという性質（**流動性**）がありますが，交換手段として必要な耐久性と価値の安定性により，富を蓄える**価値貯蔵手段**にもなります。ほかにも預金・株式などの**金融資産**，土地・美術品などの**実物資産**にも価値貯蔵機能があります。実物資産からは使用により便益が得られます。一方，貨幣以外の金融資産からは消費を先延ばしし，リスクを引き受ける代償として収益が得られます（**表1-1**）。

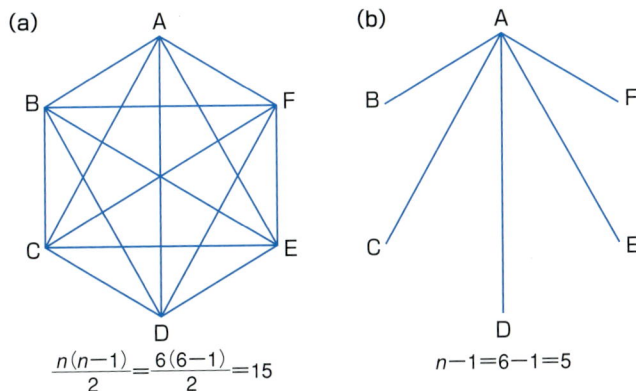

$$\frac{n(n-1)}{2}=\frac{6(6-1)}{2}=15 \qquad n-1=6-1=5$$

図1-1　物々交換の組合せと貨幣

(a) 物々交換の場合の例：6種類の財A〜F（たとえばAは米，Bは麦，Cは大豆……）における交換の組合せは，図のように六角形の頂点同士を結ぶ線の本数，つまり15通り（①米↔麦，②米↔大豆……）だけあります（経済学では欲求を満たすものが有形の場合には「財」，無形の場合には「サービス」と呼びます）。n種類の財・サービスの組合せは$\frac{n(n-1)}{2}$通りになります。

(b) 貨幣を用いた場合の例：6種類の財A〜FのうちAを貨幣とするとそれ以外の5種類の財との交換は5通りです（米を貨幣とすると，たとえば麦1俵が米0.7俵など）。n種類の財・サービスは$n-1$個の価格で表現されます。

表1-1　貨幣の適格要件と物品貨幣

適格要件	金・銀	塩	穀物	布	茶・煙草	家畜	貝
品質が均等	○	○	△	△	△	×	△
分割・統合可能	○	○	○	△	○	×	△
識別が容易	○	○	△	△	×	△	○
持ち運びに便利	○	△	△	○	○	×	○
少量で大きな価値	○	○	△	○	○	△	△
耐久性	○	△	△	△	△	×	○
価値の安定性	○	△	×	△	×	×	△

交換手段として用いる際には，品質が均等で分割・統合が可能，識別が容易であると便利です。取引場所への移動を考慮すると持ち運びに便利で少量で大きな価値を持つものが適当です。さらに，取引と取引の間に保有されている期間の素材としての耐久性，そしてその価値の安定性も必要です。このような点で，金・銀は貨幣に適しています。

第1章 貨　幣

🔵 歴史的経過：金属貨幣から銀行券へ

　当初は貨幣の価値は金属としての価値であり，取引ごとに重量・品位を測る秤量貨幣（しょうりょう）でした。これに対して一定の品質ときりのよい重量に鋳造して枚数で数えるものを計数貨幣といい，現在の貨幣はこれにあたります（コラム参照）。

　金属貨幣は多額になると重くて運搬に不便ですし，逆に少額だと紛失しやすくなります。そこで金属貨幣と引替え可能な預り証が紙幣として流通するようになります。わが国最初の紙幣は，1600年頃に釣銭として発行され流通した「山田羽書」です。17世紀前半のロンドンでは金匠（金細工師）が預託された金銀貨に対して発行する預り証（金匠手形）が流通しました。このように金銀貨などの正貨と交換できる紙幣を兌換紙幣，兌換されない紙幣を不換紙幣と呼びます。金匠は17世紀末には銀行へと発展し，民間の発券銀行は額面分の正貨と交換できる銀行券を発行しました。

　発行した銀行券の兌換をいっせいに要求される確率は小さいので，銀行は準備金として保有する正貨を上回る銀行券を発行できます。銀行券の発行は，保有する正貨（金）に制約されるべきとする通貨主義と資金需要に応じて銀行の裁量で銀行券を発行するべきとする銀行主義の間の通貨論争の結果，英国では1844年に通貨主義にもとづき，銀行券の独占発行権をイングランド銀行に与えました。

　わが国では，1872（明治5）年の国立銀行条例にもとづく民間銀行である国立銀行4行が兌換紙幣を発行しました。1876年に兌換義務が廃止されると，153行の国立銀行が不換紙幣を発行します。1882年には銀行券の独占発行権を持つ日本銀行が設立され，政府紙幣および国立銀行券は兌換銀行券である日本銀行券に交換されました。

歴史的経過：金属貨幣から銀行券へ

コラム　江戸時代の通貨

　江戸時代には，三貨制度と呼ばれるように金貨，銀貨，銭貨の3種類の通貨に加え，後期以降は藩札などの紙幣も流通しました（現存する最古の藩札は1661年福井藩のもの。藩の発行する藩札だけでなく寺社札，公家札などさまざまな紙幣が発行されました）。小判は金貨ですが，正確には金銀の合金貨（エレクトロン貨幣）です。

　金貨は計数貨幣であり両・分・朱という単位を用いて「1両＝4分＝16朱」と四進法で数えました。銀貨は当初は秤量貨幣（丁銀・豆板銀）で，重さの単位「1貫＝1000匁」「1匁＝3.75g」を用いました。銭貨は「1貫＝1000文」という単位を持つ計数貨幣でした。

　「東の金遣い，西の銀遣い」などと言われて，地域により，さらに商品により使われる金種が異なっていました。秤量貨幣であった銀貨ですが，明和9（1772）年から発行された明和南鐐二朱銀をはじめとして金貨の単位を持つ銀貨が鋳造されるようになり，幕末には流通する銀貨の大部分をこれらの計数貨幣が占めるようになりました。これらの銀貨では，含有する銀の価値は額面価値よりも小さく，銀でできた紙幣のようなものでした。幕末の対外交渉ではこの仕組みが理解されず，銀貨の銀含有量を等しくするように為替レートが決定されました。この結果，海外から持ち込んだ銀貨を二朱銀等に交換してから小判と両替すると利益が得られる状態となり，この裁定取引により，小判が海外に流出しました。

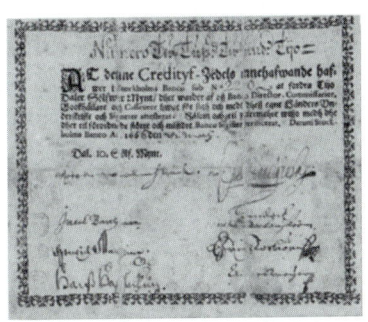

図1-2　世界最初の銀行券（ストックホルム銀行券，1661年）
（出所）　日本銀行金融研究所貨幣博物館所蔵

通貨発行益と通貨の価値

　貨幣は当初は金属としての素材の価値（地金価値）と額面が一致していましたが，国家が貨幣の独占発行権を持ち，その貨幣の通用を保証すると，素材価値を額面価値より小さくすることが可能になりました。

　額面価値と製造原価の差は貨幣を発行した政府の益金となります。これを**通貨発行益**（**シニョリッジ**；seigniorage）と呼びます。現在，わが国では硬貨は政府が発行する貨幣ですから，これにより政府は通貨発行益を得ます。また，紙幣は日本銀行（日銀）が発行し，日銀の負債の項目に計上されるので，日銀においては発行した日銀券で購入した国債などの利息が通貨発行益に相当するものです。

　経済規模の拡大に伴って必要となる通貨量も増加します（**成長通貨**）。通貨の流通量が必要な量を上回る場合には，財・サービスに対する通貨の価値が相対的に下落，つまり物価が上昇します（**インフレーション**；inflation）。一方，通貨の流通量の増加が不十分な場合には，物価下落（**デフレーション**；deflation）が生じ経済活動が停滞します。インフレは債権・債務の実質的な（財・サービスで測った）価値を下落させ，債権者が損をした分，債務者が得をします。一般に債権者より債務者のほうが所得の大きな部分を消費に回す（限界消費性向が高い）ので，経済全体では消費が増加する効果があります。貨幣の発行量が経済活動の規模と活発さに対して過剰な場合，政府が通貨発行益を得る一方，民間が保有する貨幣の価値は下落するため**インフレ課税**と呼ばれます。これに対して通貨保有期間の短縮，実物資産や外貨の保有などの方法で国民はインフレによる損失を回避しようとします。

コラム　江戸時代の貨幣改鋳

　江戸幕府第5代将軍綱吉の勘定奉行，荻原重秀は，慶長小判を金の含有量の少ない元禄小判に改鋳（悪鋳；debasement）し，これによる益金（出目）500万両を財政支出することで元禄の好景気とインフレをもたらしました。新貨幣は旧貨幣に対して当初1％増で交換されましたが，交換が進まなかったため最終的には20％増の交換になりました。「たとい瓦礫のごときものなりとも，これに官府の捺印を施し民間に通用せしめば，すなわち貨幣となるは当然なり。紙なおしかり」は，貨幣の悪鋳を責められた荻原の言葉として伝えられています（『江戸時代史』三上参照）。

　新井白石による正徳の治では荻原重秀は罷免され，ほぼ慶長の古制に復した正徳小判が鋳造（良鋳；rebasement）されましたが，貨幣量が減少したため経済活動は停滞し，デフレに見舞われました。

　第8代将軍吉宗に仕えた大岡忠相は，デフレ対策として1707年から使用禁止となっていた藩札の発行を解禁し，「世上金銀不足」という理由で小判の金含有量を4割ほど落とした元文小判を発行，丁銀の品位も80％から45％へ落としました。この結果，金銀貨の品位は正徳の改鋳以前の水準に戻りました。元禄の改鋳とは異なり，益金は取らず，交換を進めるために金貨は旧貨1両＝新貨1.65両，銀貨は旧貨1匁＝新貨1.5匁で交換しました。さらに銭貨である寛永通宝も増発（676万貫）されました。これらの通貨量の増大によりデフレは収束しました。

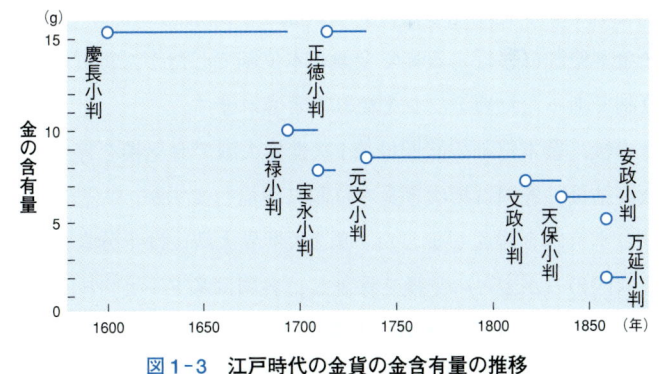

図1-3　江戸時代の金貨の金含有量の推移

金本位制：兌換紙幣と不換紙幣

ある金属貨幣に無制限の通用力を与え，自由鋳造・自由融解（造幣局で地金と貨幣の交換が可能）も認めた場合，これを**本位貨幣**と呼びます。金貨を本位貨幣とする場合が**金本位制**（狭義），銀行券（通貨）と金との兌換を無制限に保証する場合を**金地金本位制**と呼び，これも含めて広義の金本位制と呼びます。金銀貨共に本位貨幣とする場合が**金銀複本位制**です。ただし，金銀複本位制は不安定な制度です。19世紀に金銀複本位制を採用していた欧州諸国では銀産出量の増加により銀価格が下落すると，金貨は退蔵されて銀貨のみが流通し，実質的には銀本位制となりました。

本位制の下では，貨幣量が本位金属の生産高に制約されます。経済規模の拡大に伴って貨幣の需要は増加しますが，本位金属の産出量がこれに比例して増加する保証はありません。英連邦の金本位制採用により，19世紀後半には金本位制に移行する国が増加しましたが，金の産出量は十分に増えませんでした。このため金本位制の採用国では貨幣量が経済規模に応じて増加せず，銀本位制の諸国に比べてデフレが長期化したといわれます。わが国は1897（明治30）年に金本位制に移行するまで金銀複本位制でしたが，実質的には銀本位制であったためデフレを免れたとされます。

その後，金本位制の諸国は第1次世界大戦で金兌換を停止します。大戦終結後，各国は相次ぎ金本位制に復帰しますが，大恐慌でふたたび金本位制を離脱しました。第2次世界大戦後は十分な金を保有する米国のみが金との兌換を保証し，各国は米ドルと自国通貨の交換レートを固定する**金ドル本位制**に移行します。1971年に米国が金兌換を停止すると，各国は政策目標に応じて不換紙幣の流通量を管理調節しようとする**管理通貨制**になります。

コラム 「金」とは何か

　金はさび，腐食を起こさず，王水以外の強酸に反応しない性質があり，薄く広げやすいため電気・電子部品，歯科治療などにも広く使用されます。

　全世界でこれまでに採掘された金は約16万1千トン，このうち約3万トンを各国中央銀行，IMF（国際通貨基金）などの公的機関が保有しています。2007年時点で技術的に今後採掘可能な確認埋蔵量は10万トン，このうち採算が取れる可採鉱量は4万7千トンです（米国地質学研究所（2009）Mineral Commodity Summaries）。可採鉱量を毎年の産出量で割った耐用年数は20年前後ですが，金価格上昇あるいは技術発展により可採鉱量は増加します。

　一方で，物質・材料研究機構（2008）によると，わが国に蓄積されたリサイクル対象となる金（都市鉱山）は約6,800トンで，日本銀行による公的保有の約8倍にあたります。

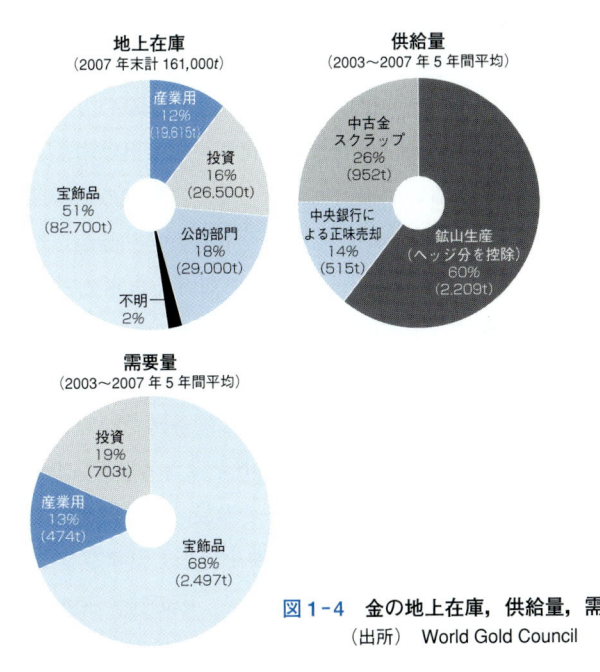

図1-4　金の地上在庫，供給量，需要量
（出所）　World Gold Council

🌐 金本位制と為替レート

　金本位制では各通貨と交換できる金の重量（金平価）が決まっていました。そのため通貨間の為替レートも金を通して固定され、金平価を変更すると為替レートも変わります。

　仮に日本で米国からの輸入が米国への輸出を上回っていた場合、輸入代金をドルで支払うための通貨交換の需要（円売りドル買い）が、ドルで受け取った輸出代金を国内で使用するための通貨交換の需要（ドル売り円買い）を上回り、為替レートが円安になります。

　金本位制下では、法定平価から金を輸送する諸費用（現送費用）を引いたレート（金輸出点）よりも円安になると、ドルを買って決済するよりも、円を金に交換して金を送ったほうが安上がりになります（図1-5）。これにより国内から金が流出し、国内の兌換紙幣の発行量が減少して、貨幣の価値が相対的に高くなるので国内物価が下落します。海外での価格競争力が強化されて輸出は増加しますが、輸入品が割高になるので輸入は減少します。黒字の場合はこの逆の流れになります。この結果、為替レートは公定平価から現送費用分を上下にとった金輸出点と金輸入点の間（公定平価±現送費用）に収まるはずです（金本位制の自動調節機能）。

　前述のように、第2次世界大戦後は米ドルのみが1オンス35米ドルの公定平価での兌換を保証し、これに対して各国が固定相場制をとる金ドル本位制が成立しました（ブレトンウッズ体制, 1944年）。基軸通貨として信認を得たドルですが、その後、対外債務の増加と金準備の減少により1971年米国は金兌換を停止し（ニクソン・ショック）、ブレトンウッズ体制は崩壊します。その後、ドル引き下げの調整期（スミソニアン体制）を経て、各国は変動為替相場制へと移行し、今日に至っています。

表1-2 欧米諸国の金本位制採用年

国　名	採用年
英　国	1821年
ラテン通貨同盟 (ベルギー，スイス，イタリア，ギリシャ，オーストリア，スペイン，ルーマニアなど)	1876年
オランダ	1875年
ドイツ，カナダ	1871年
スカンジナビア通貨同盟 (デンマーク，ノルウェー，スウェーデン)	1873年
米　国	1900年

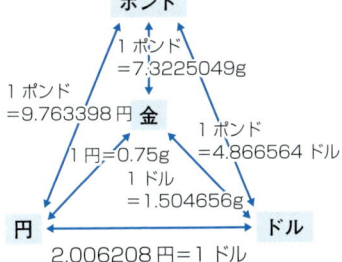
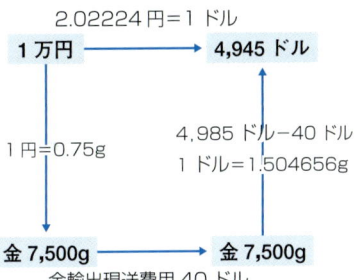

図1-5　20世紀初頭の金平価と金輸出による決済の例

(b)のように円を金に換えて米国に現送すれば，現送費用を差し引き1万円が4,945ドルとなるので金輸出点は1ドル2.02224円です。このとき，為替レートが金輸出点より円安の1ドル2.1円（1万円＝約4,762ドル）なら金輸出による決済のほうが有利です。現実には金の現送よりもロンドンにおけるポンドでの決済が主流でした。

🔵 現金と預金：法貨・通貨

<u>取引</u>とは等価値の物を交換する約束です。商品を売買したとき，売り手には商品を渡す<u>債務</u>と代金を受け取る<u>債権</u>，買い手には商品を受け取る債権と代金を支払う債務が生じます。<u>決済</u>とは取引により生じた債権・債務を金銭・物品の授受によって解消することです。お金に関する債権・債務の解消を**資金決済**といいます（図1-6）。

支払いを受ける側は現金での支払いを拒否できず，これにより決済が完了します。これは現金が強制通用力を持たされている<u>法定通貨</u>（<u>法貨</u>；legal tender）であることによります。わが国では，日本銀行券と造幣局の製造した貨幣（硬貨）が政府により強制通用力を持たされています（ただし同一種類の硬貨は20枚まで）。

現金以外では普通預金も銀行振込によって支払手段となります。当座預金から振り出した手形や小切手も同様です。預金者の要求によりすぐに引き出せる普通預金，当座預金などを<u>要求払い預金</u>（demand deposit）と呼びます。

要求払い預金も一般的交換手段，あるいは支払手段として用いられる通貨であり，<u>預金通貨</u>と呼ばれますが，法貨ではないので強制通用力はありません。銀行振込，手形，小切手などで支払った場合は決済が完了したことが確認されるまで時間がかかります（手形や小切手自身は預金通貨ではありません）。

現金には預金を比較して，すべての取引に使える<u>汎用性</u>と誰が支払ったか記録に残らない<u>匿名性</u>があります。脱税や犯罪資金などに現金が使われるのはこのためです。一方，預金通貨は匿名性がないため盗難・紛失の危険が小さくなります。また，預金通貨の場合は振込依頼などの支払指図をしても預金口座に残高が不足している可能性がありますが，現金の受渡しには<u>支払い完了性</u>があります。

現金と預金：法貨・通貨　　　　　　　　　　13

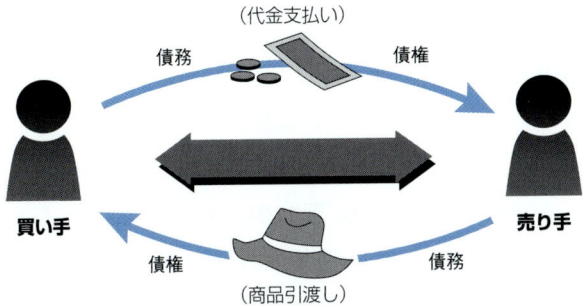

図1-6　資金決済と債権・債務の関係

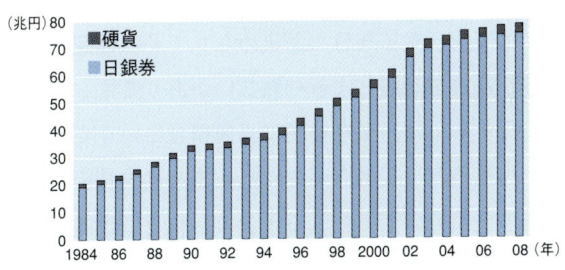

図1-7　日銀券と硬貨の流通高
（出所）　日本銀行時系列データより著者作成

コラム　小口の決済手段

　わが国の小口決済手段を主要国と比較した場合，現金の利用割合が高い，また口座自動振替が普及しているという特徴があります。

　最近，主に小額の取引で利用が増えている電子マネーは，現金の情報をカードに記録したもので，多くが前払い（プリペイド）型で入金すれば誰でも利用できます。利用データは店舗から発行主体に電送され，発行主体から店舗に手数料を控除した利用額が支払われる仕組みです。デビットカード（Debit Card）は支払時に支払う側の口座から店側の口座に振り替えられて即時決済が完了する仕組みで，欧米では広く普及しています。

　これに対して，クレジットカードや後払い（ポストペイ）型電子マネーは利用者に信用供与（与信）するため，利用者には信用力が必要です（p.40参照）。

🔵 手形と当座預金

　商品の売買において代金支払を猶予した場合，猶予する側にとっては**売掛債権**が発生し，猶予された側に信用を供与していることになります（猶予された側には**買掛債務**が発生します）。この売掛債権を別の企業への支払いに充てたり，支払期限前に現金化したりできる仕組みが**手形**です（図1-8，図1-9）。手形を発行することを「振り出す」といいます。手形は振出人が記載された金額（額面）を自ら支払うことを約束する，あるいは振出人が第三者（支払人）に支払いを委託する有価証券です。前者が**約束手形**，後者が**為替手形**です。手形には満期（支払期日）が決められている**確定日払い**と，手形が呈示された日を満期とする**一覧払い**があります。

　手形を発行するには，金融機関に**当座預金**という支払用の口座を作ります。当座預金は金融機関を支払人または支払担当者とする小切手・手形の支払いに充てられる預金で，現金による払戻しはできず，利息もつきません。満期になった手形は支払場所に指定された金融機関に呈示されます。実際には手形の所有者は自らの取引銀行に手形の取り立てを依頼します。このとき当座預金の残高が不足していると手形は**不渡り**となります。6カ月以内に2度以上の不渡りを出すと銀行取引停止処分となり，会社は事実上，倒産します。

　受け取った手形は満期前でも現金化できます。金融機関に持ち込んで額面から満期までの利息相当額（割引料）を差し引いた額を受け取ることを**割引**といいます。手形を別の取引の支払いとして譲渡することもでき，これを**回し手形**（**譲渡手形**）と呼びます。

　手形は保有者の資産ですが，発行者にとっては負債なので民間部門全体では相殺される**内部貨幣**です。一方，中央銀行の発行する銀行券はどの民間部門にとっても資産であり，これが**外部貨幣**です。

手形と当座預金

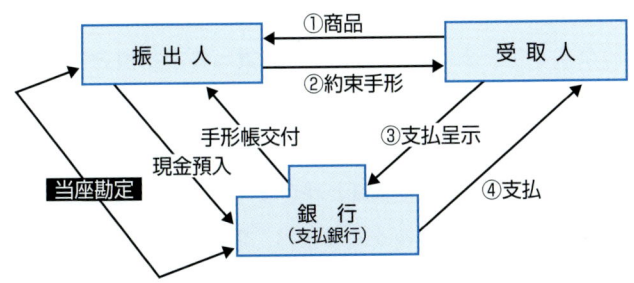

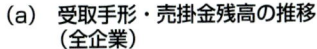

図1-8 手形（約束手形）の仕組み

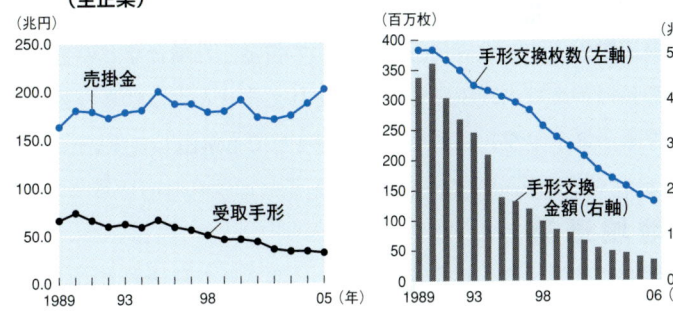

図1-9 手形使用の状況

（出所）（a）財務総合政策研究所「法人企業統計」（年次別調査時系列データ），
（b）全国銀行協会「決済統計年報（平成18年度版）」

印紙税などのコストを削減し，不渡りになるリスクを回避するために手形取引は長期的に減少傾向にあります。手形の作成・交付・保管コスト，および盗難・紛失リスクを軽減するために2008年に電子記録債権制度が創設されました。

コラム 小切手とは

　小切手は，振出人が受取人に対して記載された金額を当座預金の中から支払うことを金融機関に委託する有価証券です。手形のように信用供与機能はなく，呈示された日が支払期日となる一覧払いのみです。

🔵 通貨量（通貨残高）の測定

　国全体に流通している通貨量を測るときの通貨の定義は，以下の通りになります。まず，現金と預金通貨（要求払預金）の残高を**M1**（エムワン）と呼びます（図1-10）。定期預金は解約や当座貸越により容易に現金や預金通貨に変換できるので**準通貨**と呼ばれます。M1に準通貨の残高を加えたものを**M3**と呼びます。一方，基礎資料の制約があり，速報性に欠けるゆうちょ銀行，信用組合，農業協同組合等への貯金をM3から除外したものが**M2**です。これは，2008年8月まで使われていた旧「M2」に譲渡性預金（CD）を含めて，非居住者預金を除外したものです。さらに投資信託，国債など比較的容易にM1に変換できる（つまり流動性が高い）金融資産を加えたものが**広義流動性**です。投資信託を解約して預金した場合などの金融資産間の預け替えは広義流動性に影響を与えません。これらの通貨残高（**マネーストック**）については，第4章でも解説します。

🔵 地域通貨

　地域通貨は通貨の一般受容性を弱め，限られた地域あるいは共同体で流通させることで経済の活性化を目指します。中央銀行以外の機関が発行し，紙幣あるいは通帳に記入する形で流通します。利子が付かない，使用期限があるなど価値貯蔵機能も制限され，退蔵されることを防いでいます。

　さらにマイナスの利子を付けて通貨の価値を時間と共に減少させる**減価する貨幣**（**自由貨幣**）とすることで価値貯蔵機能を弱め，通貨の流通を促進することも提唱されました。実施例としては1931年，オーストリアのヴェルグル町で公共事業の賃金として交付された労働証明書（スタンプ通貨）があります。

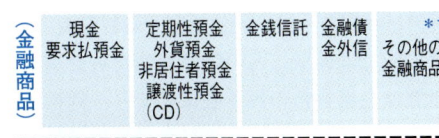
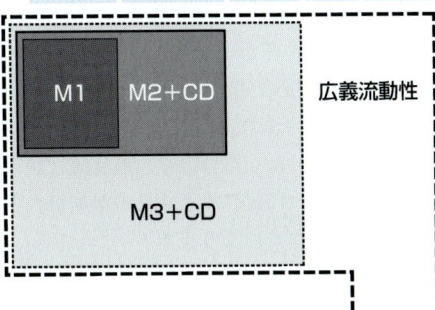
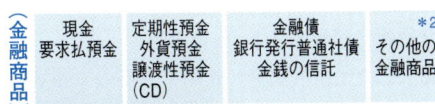
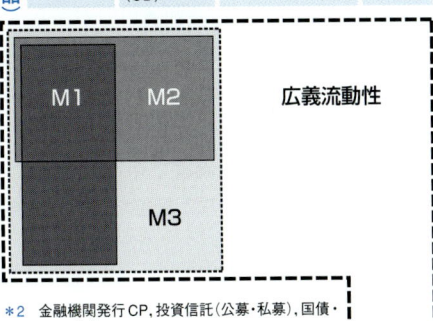

図 1-10 マネーストックの分類

（出所）　日本銀行「「マネーサプライ統計」の見直しに関する最終方針 2008 年」
2009 年 5 月の平均残高は M1 が 488 兆円、M2 が 754 兆円、M3 が 1,052 兆円、広義流動性が 1,430 兆円でした。

■ 本章のまとめ

- 貨幣には交換手段，価値尺度，価値貯蔵手段という機能があります。
- 歴史的には地域ごとの物品貨幣から金属貨幣に収斂していきました。紙幣は金属貨幣の預り証に始まり，兌換紙幣として使用されるようになりましたが，現在の紙幣は不換紙幣です。銀行券は当初，民間の発券銀行が兌換銀行券として発行していましたが，現在ほとんどの国では銀行券の独占発行権を中央銀行が持ち，中央銀行が不換紙幣を発行しています。
- 国は通貨の発行権を持つので，通貨発行益を得ることができます。
- 経済規模の拡大に比べて通貨量の増加が大きすぎるとインフレに，小さすぎるとデフレになります。
- 金本位制では貨幣量が金の保有量によって制約され，為替レートは金平価を通して固定されます。主要国は19世紀後半から金本位制を採用しますが，第1次世界大戦での停止を経て大恐慌で離脱，第2次世界大戦後に成立した金ドル本位制は，米国の金兌換停止により管理通貨制に移行しました。
- 要求払い預金も決済に使用できるので預金通貨ですが，法貨ではないため，現金とは異なり強制通用力がありません。また現金には預金通貨と異なり汎用性，匿名性と支払い完了性があります。
- 手形は支払手段であると同時に，信用手段でもあります。
- マネーストックの指標にはM1，M2，M3，広義流動性があり，主に流動性の高い順に金融資産を算入していきます。
- 地域通貨は，一般受容性と価値貯蔵手段を弱めることで流通の促進を図る一種の通貨です。

第2章
資金循環

金融とは

第1章では貨幣の特徴や機能について述べましたが，実際には貨幣は人々の間でどのように動いているのでしょうか。

経済学では，経済主体を**家計・企業・政府**に大別します。家計は企業と政府に労働を提供し，財・サービスを消費します。企業は労働や資本をもとに財・サービスを生産し，利潤を得ます。政府（地方公共団体も含む）は家計・企業から税金を徴収する一方，社会的インフラを整備し，公的サービスを提供します。

財・サービスを売買するとき，貨幣はその対価として財・サービスと反対方向に流れます。支出よりも収入が多い場合，つまり資金が余剰の場合は，取引に用いるときまで貨幣あるいは通貨のまま保管することもできますが，貨幣を必要としている経済主体に貸すこともできます。資金に余剰がある経済主体（**黒字主体**）から，資金が不足している経済主体（**赤字主体**）に資金を融通することが，**金融**です。**金融（仲介）機関**は黒字主体と赤字主体の間に入って金融の機能を果たします。ここでは，家計と政府を除いた国内の経済主体を金融機関・非金融法人企業・対家計民間非営利団体（社団法人，学校法人など）に分類し，国外の経済主体をまとめて海外としています（図2-1）。図2-2は部門ごとの資金の過不足を示しています。

赤字主体が黒字主体から資金を調達する方法には，借入（**負債**）と**資本**があります。資本による資金調達とは，黒字主体に元手を出してもらう（**出資**を受ける）ことです。たとえば株式会社は株主の出資で成り立っています。会社にとって株主は資金の調達先であり，株主にとって会社は資金の運用先です。一方，会社が資金を借り入れる（貸付を受ける）ことが負債による資金調達です。

金融とは　　　　　　　　　　21

非金融法人企業	金融機関	家　計
民間非金融法人企業 公的非金融法人企業	中央銀行	

預金取扱機関
　銀行等
　　国内銀行
　　在日外銀
　　農林水産金融機関
　　中小企業金融機関

一般政府
　中央政府
　地方公共団体
　社会保障基金
　　公的年金，医療保険，
　　雇用保険，労災保険

保険・年金基金
証券投資信託
ノンバンク
公的金融機関
証券会社
非仲介型金融機関

対家計民間非営利団体
　学校法人，社会福祉法人，
　宗教法人など

海　外

図2-1　経済主体の区分（整理図）

公的年金とは国民年金，厚生年金，共済年金などのことです。

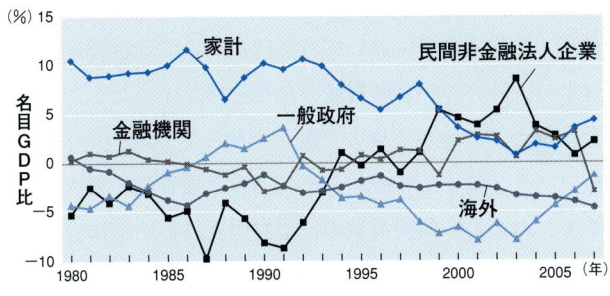

図2-2　部門別の資金過不足の推移

（出所）　日本銀行時系列データより
国鉄清算事業団・国有林野事業特別会計の債務承継要因（1998年），日本高速道路保有・債務返済機構の発足要因（中央政府に分類）（2005年），財政融資資金特別会計（公的金融機関に分類）から国債整理基金特別会計（中央政府に分類）への積立金繰入れ要因（2006年），中央政府による日本郵政への出資金増加等要因（2007年）の調整を実施しました。

資金循環統計の仕組み

各経済主体の間の資金の流れ（資金循環）について，わが国では日本銀行が資金循環統計を公表します。資金循環統計を構成する金融取引表，金融資産・負債残高表を簡略化して右頁に示しました。金融取引表（表2-1）はある期間における各部門の資金調達および資金運用を記録するフロー表です。一方，金融資産・負債残高表（表2-2）は各部門がある時点に保有する金融資産および負債・資本の残高を記録するストック表です。この金融資産・負債残高表を縦にみると，各部門が保有する金融資産，負債・資本の内訳がわかります。また横にみると，その金融資産をどの部門が保有し，どの部門の負債あるいは資本になっているのかがわかります。

金融取引表において，資金調達（負債あるいは資本の増加）が運用（資産の増加）を上回る場合は資金過不足の欄がマイナスになり，その部門は資金不足部門です。逆に調達が運用を下回る場合は資金余剰部門です。

金融資産・負債残高表において各部門について金融資産の合計と負債・資本の合計の差が金融資産・負債差額です。たとえば家計部門は，金融資産の合計が負債の合計を上回っているので金融資産・負債差額はプラスです。一方，企業部門の金融資産・負債差額はマイナスです。ただし，個別企業の貸借対照表においては資産に実物資産も含めるので，資産と負債・資本は同額になります（第9章p.166参照）。一般政府には負債があると同時に，金融資産も保有していて差額はマイナスとなっています。

金融資産は，政府の発行する貨幣を除けば必ず別の経済主体の負債あるいは資本となっています。わが国の資金循環統計では，政府の発行する貨幣（硬貨）も日銀の負債として計上します。すべての

金融とは

表2-1 金融取引表（2007年度）

	金融機関		非金融法人企業		一般政府		家計		対家計民間非営利団体		海外	
	資産	負債	資産	負債	資産	負債	資産	負債	資産	負債	資産	負債
現金・預金	20.9	11.9	0.1		−3.0		6.1		−1.2		−0.1	10.9
財政融資資金預託金	−31.8	−47.9	0.0		−16.1							
貸　出	−6.1	13.7	1.4	−0.8	4.7	−9.7	0.0	−3.7	−0.1	−0.2	10.8	11.4
株式以外の証券	−7.6	6.5	−1.6	3.0	6.6	17.3	11.0		1.5		16.9	
株式・出資金	−1.1	7.3	11.1	9.9	8.3	−0.2	−0.9		0.0		−0.5	
金融派生商品	0.0	0.0	0.0	0.0			0.0	0.0			0.0	0.0
保険・年金準備金		2.5					2.5					
預け金	2.4	−0.3	−0.8	3.0	1.1		0.0					
企業間・貿易信用	0.2		−7.0	−8.8	−0.1	0.0			1.9		0.6	0.5
未収・未払金	2.3	−0.7	2.8	2.6	−1.0	−1.2	−2.3	0.5	0.0	0.0	0.7	1.2
対外直接投資	1.7		4.5									6.3
対外証券投資	10.8		5.0		4.4		4.3					24.5
その他対外債権債務	0.7	0.1	−2.1	0.8	0.0	0.0					0.8	−1.3
その他	−4.2	3.6	2.5	−4.1	−0.9	−1.9	−0.1	−0.3	−0.1	−0.2	0.0	0.0
資金過不足		−8.6			10.4			−0.3		22.2		0.4		−24.2
合　計	−11.9	−11.9	16.0	16.0	4.0	4.0	20.6	20.6	0.1	0.1	29.2	29.2
（参考）外貨準備	4.1											

(出所) 日本銀行「資金循環統計」

表2-2 金融資産・負債残高表（2008年3月末）

	金融機関		非金融法人企業		一般政府		家計		対家計民間非営利団体		海外	
	資産	負債	資産	負債	資産	負債	資産	負債	資産	負債	資産	負債
現金・預金	190.3	1224.6	206.3		40.5		775.2		21.2		6.5	15.5
財政融資資金預託金	23.9	84.3			60.4							
貸　出	1310.8	482.9	40.5	379.0	34.9	181.6		322.3	4.0	16.5	93.2	101.0
株式以外の証券	835.4	373.2	32.5	91.1	135.0	745.4	107.4		25.1		74.4	
株式・出資金	157.7	133.9	263.5	611.8	94.9	16.8	133.0				113.4	
金融派生商品	31.3	32.2	1.7	3.5							20.9	18.3
保険・年金準備金		402.5					402.5					
預け金	10.1	10.6	27.6	39.7	4.6		8.4					
企業間・貿易信用	8.6		244.3	196.4	0.8				53.6		2.8	6.5
未収・未払金	20.0	54.0	13.6	18.6	16.1	4.2	31.8	4.9			6.6	6.5
対外直接投資	9.7		36.5									46.2
対外証券投資	182.2		58.2		110.8		12.9					364.1
その他対外債権債務	36.4	16.7	22.2	3.9	4.9						21.0	60.7
その他	43.7	18.1	16.2	40.7	7.2	12.9	11.8	5.7	1.4	2.9		
金融資産・負債差額		27.0		−421.8		−451.5		1096.4		32.5		−279.9
合　計	2860.0	2860.0	963.0	963.0	510.1	510.1	1483.2	1483.2	51.9	51.9	338.8	338.8
（参考）外貨準備	100.9											

(出所) 日本銀行「資金循環統計」

金融資産が金融資産・負債残高表において右側（金融資産）と左側（負債・資本）の2カ所に計上されるので，全部門の金融資産・負債差額を合計するとゼロになります。

　国内の各部門を合計すると海外に対する負債（債務）と海外に持つ金融資産（債権）が残ります。海外部門の金融資産・負債差額がマイナスであることは日本が債権国であることを意味し，この値の正負の符号を逆にすると対外純資産に一致します（図2-3）。

　なお，取引が行われなくても金融資産・負債の額が変化する場合があります。たとえば保有している株数が変わらない場合でも，株価が変動すれば時価で評価した金額は変化します。金融資産・負債残高表は時価で評価するため，各項目の前年からの変化額は1年間の取引による変化を記録した金融取引表と乖離する部分があります。この価格の変動による乖離を記録したものが調整表です。金融資産・負債残高表の各項目は前年の金融資産・負債残高表に金融取引表，調整表の該当項目を加えることで求められます。

国　富

　土地や建物などの実物資産を含めた国全体の資産を国富といいます。金融資産には必ず対応する負債あるいは資本があるので，社会全体では打ち消し合います。したがって，国全体で合計すると，海外に対する分を除いて金融資産と負債・資本は相殺されます。国内の貸借が相殺され，正味の金融資産として外国に対する債権債務が残るわけです。これに実物資産を加えたものが日本の国富です（表2-3）。国富は地価の下落のため，1990年の3,533兆円をピークに2005年まで減少傾向にありました。

　実物資産には在庫，機械，建物などの生産資産と土地，地下資源，漁場などの非生産資産があります。わが国では半分近くが土地で，

金融とは　　　　　　　　　　　　　25

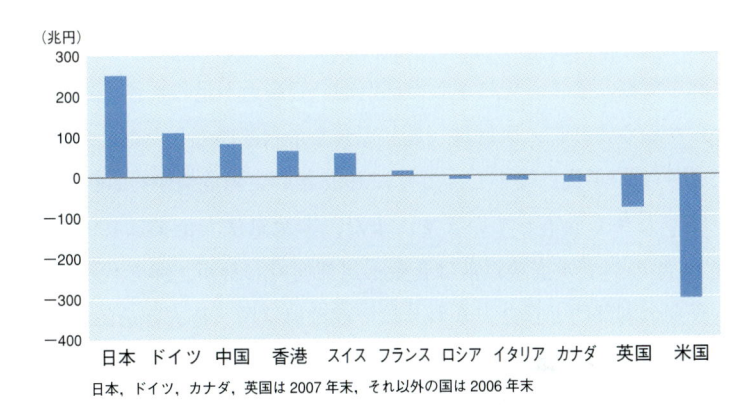

図2-3　主要国の対外純資産

日本，ドイツ，カナダ，英国は2007年末，それ以外の国は2006年末

(出所)　財務省「本邦対外資産負債残高の概要」(2008年5月23日) より著者作成

表2-3　正味資産（国富）の内訳

(単位：兆円，暦年表示)

	1997	1998	1999	2000	2001	2002	2003	2004	2005	2006	2007
正味資産（国富）	3,157.1	3,082.0	2,946.3	2,917.7	2,856.4	2,747.2	2,668.4	2,652.7	2,641.0	2,730.4	2,794.5
在　庫	99.1	95.5	90.2	90.2	84.8	81.2	79.6	80.7	84.8	89.0	94.8
有形固定資産	1,156.4	1,146.1	1,135.7	1,135.8	1,119.6	1,101.4	1,102.2	1,125.3	1,139.1	1,159.4	1,171.5
無形固定資産	11.7	12.1	13.0	15.2	17.3	18.8	19.5	20.4	21.3	22.7	23.3
有形非生産資産	1,765.3	1,695.1	1,622.7	1,543.5	1,455.4	1,370.4	1,294.3	1,240.5	1,223.0	1,244.2	1,254.7
土　地	1,763.6	1,693.4	1,621.3	1,542.2	1,454.1	1,369.1	1,293.2	1,239.3	1,221.8	1,243.1	1,253.6
対外純資産	124.6	133.3	84.7	133.0	179.3	175.3	172.8	185.8	172.8	215.1	250.2

(出所)　内閣府「平成19年度国民経済計算確報（ストック編）」

各経済主体の傾向

　資金循環統計をもとに家計，企業，政府の経済主体ごとの資金の流れを概観します。先に示した部門別の資金過不足の推移（図2-2）からわかるように，家計は一貫して資金余剰部門でしたが，余剰の大きさは90年代に縮小し，とくに1998年の金融危機から2001年にかけて大きく低下しています。また，非金融法人企業は1990（平成2）年のバブル崩壊以前は資金不足部門でしたが，90年代後半から資金余剰部門となり，かわりに一般政府（国・地方と公的年金・健康保険などの社会保障基金）が資金不足部門となります。

　また図2-4は家計の金融資産の内訳と負債の推移を示しています。保険・年金準備金は，積立型保険や年金（企業年金，国民年金基金，個人年金など）において保険会社や年金基金が積み立てて保有している資産ですが，本来は保険や年金の加入者の持ち分なので家計の金融資産に計上します。公的年金は社会保障基金の資産に計上します。

　図2-5の棒グラフは民間企業の資金調達（負債・資本）の推移を示しています。残高は80年代後半のバブル経済の時期に急速に増加し，90年代後半には減少に転じました。とくに貸出（企業にとっては借入）の残高が減少していることがわかります。一方図2-5にはまた，一般政府の金融資産と負債を折れ線グラフで示しています。この差が純債務となります。国の負債は国債などですが，国債の9割以上は国内投資家に保有されており，保有者にとっては資産です。企業の負債の減少した原因には，いわゆる貸し渋りなどの金融機関の側の要因と景気の悪化で企業が設備投資を減少させて借入

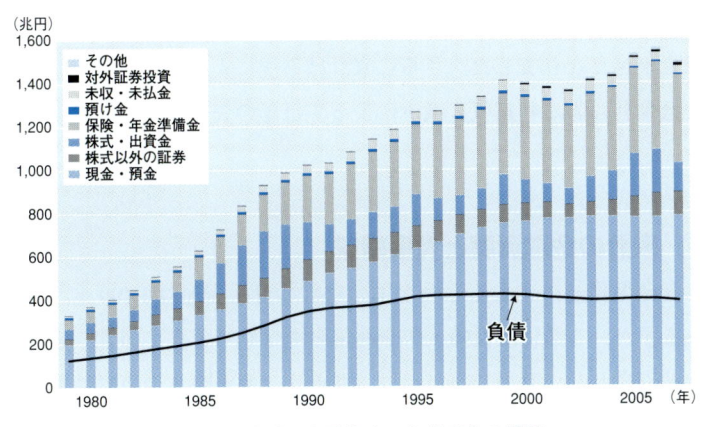

図 2-4　家計の金融資産・負債残高の推移

（出所）　日本銀行時系列データより著者作成

家計の場合，未収金は預貯金の経過利子など，預け金はゴルフ場会員権の預託金などです。

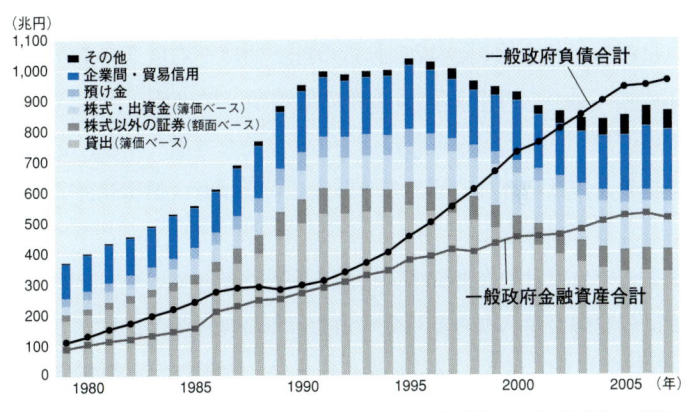

図 2-5　民間非金融法人企業と一般政府の金融資産・負債残高の推移

（出所）　日本銀行時系列データより著者作成

金融機関による貸出は資金を調達する企業側からみると借入です。企業間・貿易信用の資産には受取手形や売掛金，負債には支払手形や買掛金が計上されます。

の返済を進めたという，企業側の要因があります。また，国は景気の悪化で税収が減る一方，社会保障や景気対策の支出が増えたため，資金不足となりました。さらに家計は不況による失業や賃金の低迷と低金利による利息収入減少によって毎年の資金余剰が減少しました。

家計の金融資産と資産構成

　資金循環統計によるとわが国の家計の金融資産は1,400兆円を超えますが，ここには保険・年金準備金をはじめとして通常，家計が金融資産として認識しないもの，さらには個人企業の事業性資金も含まれています。資金循環統計は金融機関の財務諸表等から算出されていますが，家計の金融資産については家計調査のデータもあります。全国約9,000世帯を対象とする家計調査（総務省）によると，2人以上の世帯の貯蓄残高の平均値は1,719万円（2007年平均）です（ただし全体の約3分の2の世帯の貯蓄額は平均以下であり，貯蓄額の順に並べて中央にくる世帯の貯蓄額（中央値，中位数）は1,018万円です）。上記の定義の違いによる差を考慮しても，家計調査の結果から推定される家計の金融資産の額は資金循環統計よりも小さくなっています。

　図2-6では家計の金融資産の構成を国際比較しています。わが国の家計の金融資産に占める現金・預金の割合は欧米と比較すると高く，5割を超えており，収益性より安全性と流動性を重視する傾向がみられます。また，株式・出資金の割合が欧米，とくに米国よりも低いという特徴もあります。

　ただし，資金循環統計は国により異なるため，国際比較には注意も必要です。たとえば個人企業を日本では家計部門に含めますが，

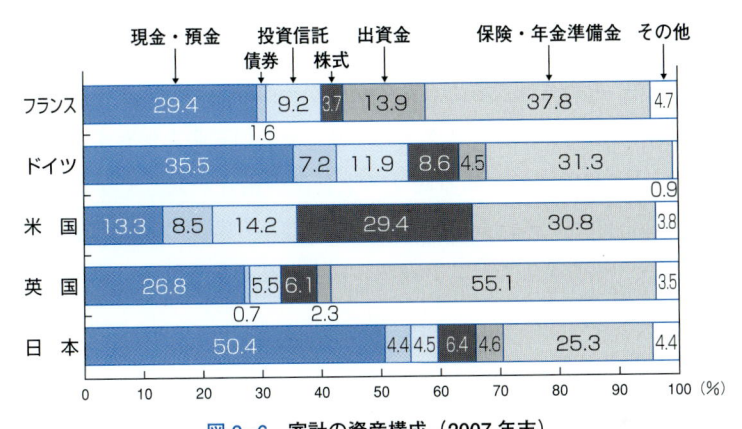

	現金・預金	債券	投資信託	株式	出資金	保険・年金準備金	その他
フランス	29.4	9.2		3.7	13.9	37.8	4.7
ドイツ	35.5	1.6	7.2	11.9	8.6 / 4.5	31.3	0.9
米国	13.3	8.5	14.2		29.4	30.8	3.8
英国	26.8	0.7	5.5	6.1	2.3	55.1	3.5
日本	50.4	4.4	4.5	6.4	4.6	25.3	4.4

図 2-6 家計の資産構成（2007 年末）
（出所） 内閣府「平成 20 年度経済財政白書」

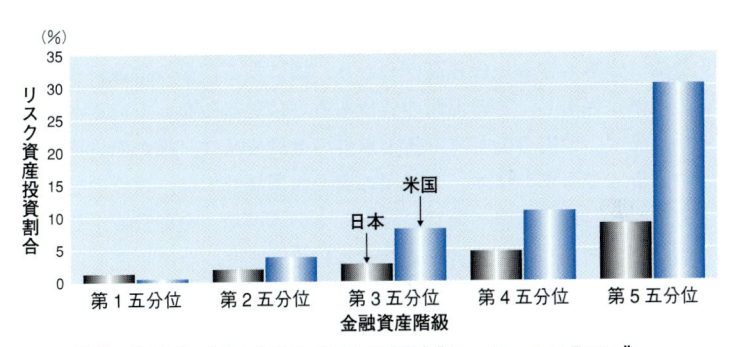

（資料） 総務省（2004）「全国消費実態調査」、FRB（2004）"Survey of Consumer Finances"
リスク資産投資割合は株式および株式投資信託の金融資産残高に占める割合。日本は，2 人以上の世帯について，貯蓄残高別の資産残高と世帯分布の値を用いて，五分位階級別の値を計算。米国は，公開されている個票データを特別集計

図 2-7 リスク資産への投資割合
（出所） 内閣府「平成 20 年度経済財政白書」

米国では個人とは別に企業部門に含めます。つまり，家計部門に含まれる個人が経営者としての個人事業主（本人）に出資していると考え，このときの出資金を家計の金融資産に計上するので，家計の金融資産に占める株式・出資金の割合がその分高くなります。

一般に富裕層はハイリスク・ハイリターンの資産を保有する余裕があり，保有資産に占める高リスク資産の割合が大きくなります（図2-7）。そのため，資産格差が大きいことも家計の金融資産に占める株式・出資金等のリスク資産の割合が高くなる要因です。

■ 本章のまとめ

- 金融とは，黒字主体から赤字主体に資金を融通することです。
- 資金循環統計の金融取引表はある期間におけるフロー量，金融資産・負債残高表はある時点におけるストック量を表しています。金融取引表からその期間の部門別の資金過不足がわかります。
- 金融資産・負債残高表は，縦にみるとその部門が保有する金融資産・負債（資本も含む）の残高がわかり，横にみるとその金融資産をどの部門が保有し，どの部門の負債あるいは資本となっているかがわかります。政府の発行する貨幣以外の金融資産は，誰かの負債あるいは資本でもあります。わが国の資金循環統計では，政府の発行する貨幣も日銀の負債の項目に計上しているので，金融資産・負債差額は全部門について合計するとゼロになります。金融資産を国全体で考えると，対応する負債あるいは資本と打ち消し合って海外に対する債権債務が残ります。これが対外純資産です。
- 対外純資産に土地，建物などの実物資産を加えたものが国富です。
- 資金循環統計は国ごとに統計の取り方が異なるため，国際比較する際には注意が必要です。

第3章
金融機関の機能

第3章　金融機関の機能

🔵 金融機関の種類

　金融機関は預金取扱機関とそれ以外に分類できます（表3-1）。

　預金取扱機関の組織形態には，株式会社形態と協同組織形態の2種類があります。株式会社は営利を目的とし，出資者（株主）は保有株数に応じて株主総会における議決権を持ちますが，協同組織は出資者（会員）の相互扶助を目的とし，会員は総会において出資額には関係なく一人一議決権を持ちます。前者は銀行法にもとづく**普通銀行**（通常にいう「銀行」）です。郵便貯金は2007年に**株式会社**化され，ゆうちょ銀行となりました。普通銀行のうち信託業務を主として行うものを**信託銀行**といいます（コラム参照）。

　協同組織形態の金融機関には信用金庫，信用組合，農業協同組合などがあります。協同組織金融機関は活動範囲が地域的に限定されているため，資金の需給に関して地域的な変動を調節する必要があり，中央機関（信金中央金庫，農林中央金庫など）を設置しています。

　預金で資金調達しない金融機関としては，ノンバンク，短資会社，証券会社，保険などがあります。**ノンバンク**は銀行と同様に融資（与信）を行いますが，銀行とは異なり，預金ではなく社債・他の金融機関からの借入などで資金調達します。消費者金融，事業者金融，クレジットカード，信販（割賦販売に加えて多くはクレジットカードも発行），リースなどがあります。割賦販売もリースも定期的に一定金額を支払う点は同じですが，割賦ではリースと異なり所有権が最終的に買い手に移転します。**短資会社**は1年未満の資金貸借を行う短期金融市場，とくに金融機関同士が取引を行うインターバンク市場において資金の貸借およびその仲介を行います。**証券会社**は株式や債券などの売買やその仲介を行います（p.121コラム参照）。なお，保険については本章の最後で取り上げます。

表 3-1 金融機関の分類

	預金取扱機関	非預金取扱機関
株式会社	（普通）銀行 　都市銀行 　地方銀行 　第二地方銀行 　信託銀行	ノンバンク 短資会社 証券会社 保険会社
相互会社		保険相互会社
協同組織	信用金庫 信用組合 農業協同組合 漁業協同組合 労働金庫	共　済
政府系	ゆうちょ銀行 商工組合中央金庫	日本政策投資銀行 日本政策金融公庫 住宅金融支援機構

相互会社は保険契約者を社員（出資者）とし，一人一議決権が与えられますが，社員数が多いので社員から選出された総代による総代会を設置します。

コラム　信託とは

　信託とは，委託者が受託者に財産を移転し，受託者は委託者が設定した信託目的に従って受益者のためにその財産（信託財産）の管理・処分などをする制度です。信託の設定は信託契約や遺言などにより，信託財産は金銭，有価証券などの金融資産，土地，知的財産権などです。信託財産は受託者名義となりますが，受託者の財産とは分別管理され，受託者の債権者から強制執行等を受けません。

　投資信託は，投資家から集めた資金をプールしたものを投資信託委託会社が信託銀行に信託し，信託財産の証券市場等での運用の指図を行い，その収益を投資家に分配するものです。

預金取扱機関の機能

直接金融と間接金融

株式や国債・社債は，企業や政府などの最終的な借り手が発行する証書です。これを**本源的証券**と呼びます。本源的証券を家計などの最終的貸し手が保有する場合を**直接金融**と呼びます（図3-1）。

一方，預金取扱機関や保険会社などの金融仲介機関が本源的証券を保有し，預金証書・保険証書・信託証書などの**間接証券**を発行，この間接証券を最終的な貸し手が保有する場合が**間接金融**です。なかでも預金には決済機能を持つという特徴があります。

預金取扱機関の保有する本源的証券は企業の発行する債務証書などですが，預金証書とは取引単位（一つの取引の金額），流動性，リスクが異なります（表3-2）。貸したお金が返ってこなくなるリスクを**信用リスク**，受け取るはずのお金が予定していた時点に受け取れないため，予定していた支払いができなくなるリスクを**流動性リスク**といいます。家計と企業ではリスクの許容度に違いがあり，家計のリスク回避度は一般的に企業に比べて高くなります。流動性についても，家計がすぐに現金化できる流動性の高い形の資産運用を望むのに対し，企業は流動性の低い形での資金調達を望みます。

金融機関は多くの企業に融資することにより，企業業績の不確実性によるリスクをある程度軽減できます（**大数の法則**；p.53 コラム参照）。また，預金者から集めた短期の資金は預金者数が多ければ，大数の法則により引き出される割合が予想できるので，企業などに長期に貸し出すことが可能です。

このように預金取扱機関は企業に対する貸出の取引単位を小口化し，流動性を増し，リスクを小さくする**資産変換**を行い，預金を提供しています。

預金取扱機関の機能　　35

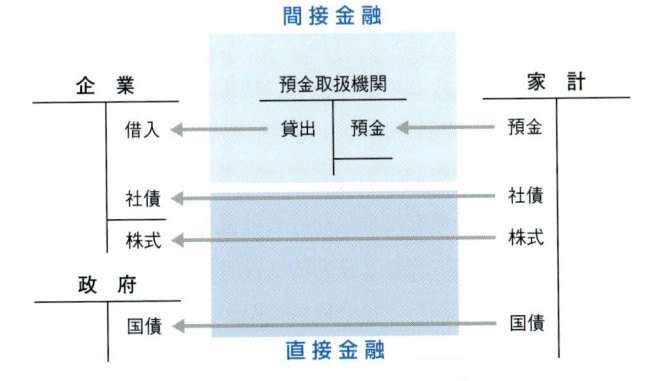

```
                     間接金融

 企　業              預金取扱機関              家　計
      借入 ← ─── 貸出 │ 預金 ←─── 預金
      社債 ←──────────────────── 社債
      株式 ←──────────────────── 株式
 政　府
      国債 ←──────────────────── 国債

                     直接金融
```

図 3-1　直接金融と間接金融

図中のＴ字は各主体の貸借対照表（バランスシート）であり，左側が資産，右側が負債および資本となります（詳しくは第 9 章 p.166 参照）。

表 3-2　国内銀行の貸借対照表（123 行合計）

（単位：兆円（構成比％），2009 年 3 月 31 日）

(資産の部)		(負債の部)	
現金・預け金	31.7 (3.9)	預金	576.1 (71.4)
コールローン	13.7 (1.7)	譲渡性預金	35.4 (4.4)
有価証券	194.8 (24.1)	コールマネー	21.8 (2.7)
国債	96.1 (11.9)	⋮	
地方債	9.8 (1.2)	負債の部合計	777.9 (96.4)
社債	29.7 (3.7)	(純資産の部)	
株式	18.4 (2.3)	資本金	9.7 (1.2)
貸出金	466.0 (57.8)	⋮	
⋮		純資産の部合計	29.0 (3.6)
資産の部合計	806.9 (100.0)	負債＋純資産の部合計	806.9 (100.0)

（出所）　全国銀行協会　全国銀行総合財務諸表（単体）

コラム　日本における直接金融と間接金融

　日本では，戦前は直接金融が，戦後は間接金融が企業の資金調達において主要な役割を果たしました。しかし，大企業は次第に間接金融から直接金融へと資金調達の比重を移します。銀行は新たな貸出先として不動産界への融資に力を入れ，これが1980年代後半の土地バブルの一因ともなりました。現在でも中小企業の資金調達は間接金融が中心です。

預金の決済機能（流動性供給機能）

普通預金は定期預金，株式，債券などの他の金融資産と違ってすぐに現金化でき，振込などの形で決済に使用できます。このような預金者の要求に応じて引き出せる預金（**要求払い預金**；表3-3参照）によって預金取扱機関は預金者に流動性を提供しています。

個人個人が予期しない支出や急な収入の減少に備えて現金を手元に置いていると，設備投資など長期的な投資に回す資金が社会全体として不足します。しかし，預金取扱機関が家計に対して要求払い預金を提供し，企業に対しては貸出を行うことで，預金者は必要なときに預金を引き出して支払いに充てることができ，企業は設備投資のための長期資金を調達できます。

預金取扱機関は要求払い預金という流動的な負債により調達した資金を貸付という非流動的な資産として運用します（定期預金も中途解約できるので比較的流動的です）。個々の預金者が引き出す日時と金額は予測困難ですが，多くの預金者から預金を集めた場合，ある期間に引き出される預金の総額は統計的に予測できます（大数の法則）。これにより銀行は一定割合の現金を手元に保有しておけば，残りを企業などに長期に貸し出すことができます。

ただし，万が一預金者の大部分が同時に預金を引き出そうとする事態（**銀行取り付け**；bank run）が生じると，それに応じる資金は手元にないことになります。ある銀行に取り付けが起きると予想した預金者は，預金が引き出し不能になる前に自分の預金を引き出そうとします。預金者の大部分がこのような事態を予想すると銀行の経営状態は実際には良好であっても取り付けが起こり，銀行は資金繰りに行き詰まります。決済機能に特化することにより取り付けのリスクを軽減した銀行が**ナローバンク**です。

表 3-3 要求払い預金

普通預金	自由に預入，払い戻しが可能
当座預金	手形・小切手を決済するための口座，無利息
決済用普通預金	無利息特約つきの普通預金
貯蓄預金	自動受取，引き落とし口座にできないなど決済機能に制限
通知預金	預入後一定の据置期間の後，事前の通知がないと払い戻しできない
納税準備預金	払い戻しが納税時に限られるが，利息が非課税
別段預金	銀行業務に該当しない預金（一時保管金，出資払込資金，宝くじ当選金管理口座）

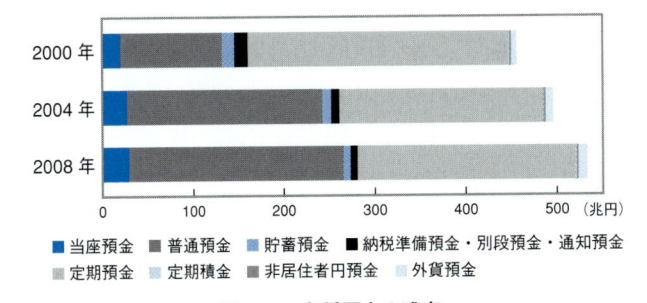

図 3-2 各種預金の残高
（出所） 日本銀行時系列データより著者作成

コラム　負債としての預金

　要求払い預金は預金取扱機関にとっては負債ですが，返済期限までに返済すればよい通常の負債と異なり，いつでも返済を要求される可能性があります。また，債権者は通常は平等に扱われますが，要求払い預金の債権者（預金者）に対する預金の払い戻しは早いもの順に行われます。

　このような特徴は銀行取り付けが発生する原因です。銀行取り付けの発生する可能性があることにより，預金者は他の預金者よりも早く銀行の経営悪化も察知するため，日頃から銀行の経営状態に対して注意を払うようになります（モラルハザードの抑止）。さらに銀行の経営者も預金者に経営状態についての懸念を持たれないように動機づけられます。

決済ネットワーク：日銀当座預金

　個人が普通預金を決済手段としているように，金融機関は日銀の当座預金を決済手段としています。たとえばY銀行にあるB氏の口座にA氏が現金を振り込む場合，Y銀行では資産である現金と負債であるB氏の預金が同額増えます。同じY銀行にあるA氏の口座から振り込む場合，Y銀行は振込金額分の負債の相手をA氏からB氏に振り替えます。しかし，別のX銀行から振り込む場合，振込人Aに対する負債を減らしたX銀行と，振込先Bに対する負債を増やしたY銀行の間でそれを補う取引が必要です。

　金融機関は日本銀行に当座預金口座（**日銀当座預金**）を持っているので，これを使って金融機関同士の決済が可能です。この例では，X銀行のA氏に対する負債が減少したと同額だけX銀行の日銀当座預金がY銀行に振り替えられ，Y銀行の日銀当座預金がB氏に対する負債が増えると同額増加します。

　このような国内における決済を行うための仕組みが**内国為替制度**で，このような為替取引は全国銀行データ通信システム（**全銀システム**）によって行われます（**図3-3**）。このように日本銀行は**銀行の銀行**としての役割を果たしています。

　日銀当座預金の決済は2000年12月末まで**時点ネット決済**でした。この決済方式は毎営業日の一定の時点に前回の決済時点以降に持ち込まれた受取りと支払いを一括して決済します。受け払いがネット（差額）で決済されるので差額のみが必要となり，コストは削減されます。しかし，一つの金融機関が支払い不能に陥ると，他の金融機関の未決済の残高についても決済不能になるという**システミック・リスク**があります。この欠点を解消するため，2001年から1件ごとに決済を行う**即時グロス決済**となっています（コラム参照）。

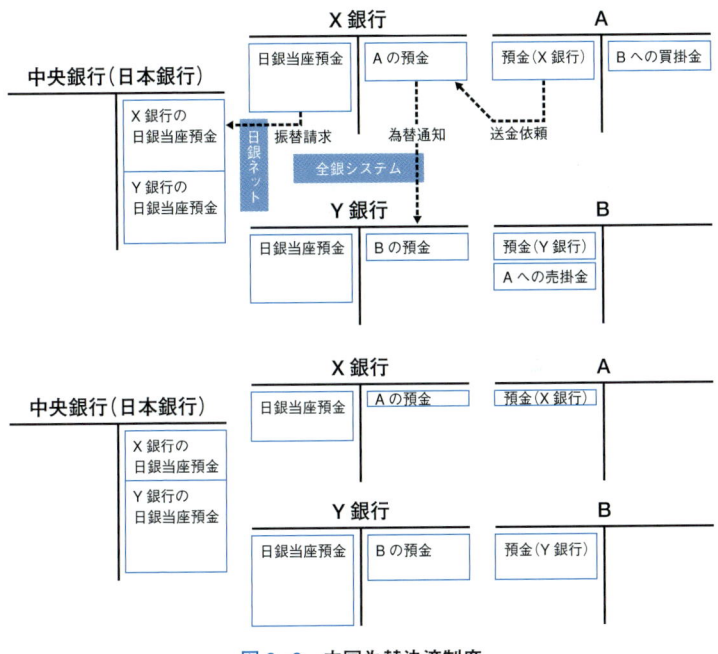

図 3-3　内国為替決済制度

コラム　即時グロス決済（RTGS）

　即時グロス決済（RTGS；Real Time Gross Settlement）では，金融機関は支払い1件ごとに日銀に支払指図を行います。その日のうちに他の金融機関から受け取る予定の資金があっても，支払い時までに入金されていなければ，一時的に資金を調達する必要があり，金融機関同士の短期の資金貸借を行うコール市場には日中コールが導入されました。

信用力：間接金融の情報生産機能

　貸借において，利息と元本の支払いは将来時点で履行するという約束であり，履行されないリスクがあります。これが先に述べた信用リスクです。通常，貸し手の持つ情報は借り手よりも少ないという**情報の非対称性**が存在し，貸し手側は借り手の質を正確には判別できません。高い金利を設定しても，返す意思あるいは能力のない質の悪い借り手の割合がむしろ高くなる可能性もあります（**逆選択**）。通常の商品の売買とは異なり，価格を上げると需要が減少するだけでなく，代金も一部しか支払われないという事態です。もしそうなれば，貸出1単位あたりの収益の予想値（期待収益）は金利を上げるとかえって低下してしまいます。

　約束通り利息と元本の返済を行う意思と能力を**信用力**といいます。貸し手には借り手の信用力を事前に審査し，貸出中も監視（モニタリング）するという情報生産が必要です。情報生産には**規模の経済性**が働くため，借り手に対して多数の貸し手が別々に審査・監視をするよりも，貸し手の中から選んだ代表あるいは別機関に委託するほうが貸付額あたりの費用は小さくなります。また，審査・監視に特化することで能力も向上します（**特化の利益**）。**長期継続的取引**によって貸出先の情報が蓄積されると審査・監視能力はさらに向上します。

　こうして生産した借り手に関する情報は**ただ乗り**される可能性があります（フリーライダーの問題）。また情報の価値は購入後でなければわからないため，情報だけで販売すると価値に見合った価格がつかない可能性があります。そこで情報生産とそれを利用した融資を金融機関内に併せ持つ，つまり垂直統合することによって情報生産の対価を融資の利息として回収できます。

コラム　信用割当

　金利を高く設定することで借り手の質が落ちることが，逆選択と呼ばれる事態です。貸し手は金利が高いほど貸出を増やしますが，金利がある水準以上になると逆選択を防ぐため供給を減少させることが考えられ，その場合，資金供給曲線は図3-4のようにある水準で屈曲して左上がりになります。このように超過需要が発生している状態において，貸し手側が企業規模や取引実績などによって借り手側の需要に選別的に応じることを信用割当（credit rationing）といいます。

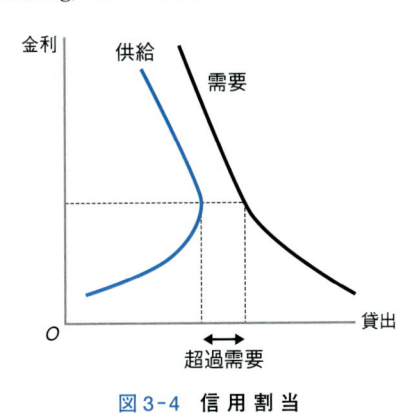

図3-4　信 用 割 当

コラム　情報生産のただ乗りとは

　情報には，小さな費用で複製（コピー）でき，複製した情報もオリジナルと同様に利用できるという特徴があります。そのため，情報を単独で販売するとコピーされて転売される可能性があります。また，情報を利用することで情報を購入していない者にその内容がわかってしまう場合もあります。たとえば，ある企業の業績が好調という情報はその情報を得た人が実際に株を買うと，株価上昇という形で情報を持っていない人にも伝わります。銀行がある企業に対して融資していれば，その銀行はその企業を優良な貸出先であると判断していることが他の金融機関に伝わります。
　このように情報生産のただ乗りが行われ，情報を生産した銀行がその対価を得られなくなると情報生産が行われなくなってしまいます。

🔵 リレーションシップ貸出とメインバンク

　金融機関が顧客との間で，親密な関係を長く維持することにより顧客に関する情報を蓄積し，この情報をもとに貸出を行うことを**リレーションシップ貸出**と呼びます。

　これにより，情報の非対称性から発生するコストを小さくできます。また，情報は複製が容易であるという特徴があります。情報生産者の行動から情報の中身が推測できる場合には，情報を自ら生産せずに情報生産者の行動を観察するほうが合理的です。

　リレーションシップ貸出では顧客の情報を独占的に利用することで，情報生産のただ乗りを防ぎます。また，借り手側でも競合他社や取引関係者への情報漏洩を心配せずに貸し手に情報提供できます。さらに長期的に取引することにより単位あたりの情報生産費用を小さくでき，とくに非公開の情報が多い中小企業に対する融資では重要な役割を果たしています。

　リレーションシップ貸出の一種ともいえるメインバンク制では，企業に対する融資において最大のシェアを持つ銀行が**メインバンク**として企業と長期継続的な関係を結び，企業経営に影響力を持つために株式を保有し，役員を派遣するなど人的な関係も持ちます。企業が経営危機に陥ったときは，最大債権者兼主要株主として主に融資によって企業の再建を主導します。メインバンク制はメインバンクの生産する情報生産に他の銀行がただ乗りして融資を行い，一つの企業に対して多数の銀行が別々に情報生産を行う無駄を省く仕組みでもあります。金融自由化の中で優良な大企業は社債やコマーシャル・ペーパーなどの直接金融による資金調達が容易になりました。株式持ち合いの解消により，大企業においてはメインバンクを中心とした企業グループの関係は希薄になっています。

リレーションシップ貸出とメインバンク　　　43

コラム　ホールドアップ問題とソフトな予算制約

　リレーションシップ貸出については，以下の2つが問題点として挙げられます。借り手の情報を特定の貸し手が独占的に入手している場合には，現在は取引していない新たな貸し手が加わることが困難です。この場合，潜在的な貸し手との間の競争が働かないので，貸借の条件が借り手側に不利になる懸念があります（ホールドアップ問題）。

　リレーションシップ貸出を行っている銀行は，融資先の経営が悪化した際には支援を行います。しかし，そのことが事前に予想されると融資先企業は銀行による救済（追貸し）をあてにして経営努力が不十分となるという問題も指摘されています（ソフトな予算制約（あるいはソフトバジェット）の問題）。貸し手は，最初からある程度の担保や保証を借り手に要求することで，この問題を軽減できます。

　一方，複数の債権者が存在する場合には貸出条件の変更は困難なので，借り手の規律が緩む事態は起きにくい反面，調整に費用や時間がかかり，タイミングの良い支援ができない可能性があります。

　リレーションシップ貸出では経営者の資質などの非公開の定性的情報を入手して審査を行います。これに対して，企業の財務諸表などの定量的な公開情報にもとづいて審査を行う場合をトランザクション貸出と呼びます。

図3-5　銀行貸出残高の推移
（出所）　日本銀行（2009年11月30日）
http://www.nikkei.co.jp/keiki/zandaka/

🔵 不良債権の処理

　貸出先企業の業績不振により利息の支払いが滞る，もしくは貸出先の破綻により元金の回収もできない（**貸し倒れ**），あるいはその懸念がある債権を**不良債権**といいます（表3-4，図3-6）。

　貸し倒れに備えて貸出額のうち担保でカバーできない部分に対して一定の割合で積み立てた資金が，**貸倒引当金**です。正常債権にも**一般貸倒引当金**といって一定の率で積み立てますが，不良債権に対して個別に将来の損失発生に備えた引当金（**個別貸倒引当金**）を積むことを**間接償却**といいます。このときの引当金は費用として計上されます。貸出先の経営がさらに悪化した場合は引当金を増額するか，直接償却する必要があります。逆に企業の経営が改善した場合は，引当金を減額しその分を戻り益として収益に計上します。

　不良債権を保有したままで貸し倒れに備える間接償却に対して**直接償却**では不良債権を手放します。直接償却の方法には**整理回収機構**（RCC）などへの債権の売却，債権の放棄（貸出先の私的整理），貸出先の破綻処理（法的整理）があります。このとき今まで積み立てた貸倒引当金でカバーできない部分は新たに損失となります。

　不良債権処理による損失が金融機関の本業による利益（業務純益）でカバーできなければ，資本，つまり今までの利益の蓄積と株主から集めた資金を使って穴埋めします。預金など金融機関の負債に影響が及ぶと金融機関自身の経営破綻ですから，金融機関の資本（自己資本）には貸出が不良債権化して損失が生じた際の緩衝材（バッファー）の役割があります。そのため，自己資本が減少した金融機関は増資を行う，公的資金の投入を受けるという形で新たに資本を外部から調達します。金融機関の自己資本に関する規制であるBIS規制については次節で詳しく説明します。

表 3-4　不良債権の分類と貸倒引当金

金融再生法開示債権	自己査定債務者区分	銀行法リスク管理債権
破産更生債権及びこれらに準ずる債権	破綻先	破綻先債権
危険債権	実質破綻先	延滞債権
	破綻懸念先	
要管理債権	要注意先	3カ月以上延滞債権
		貸出条件緩和債権
正常債権		
	正常先	

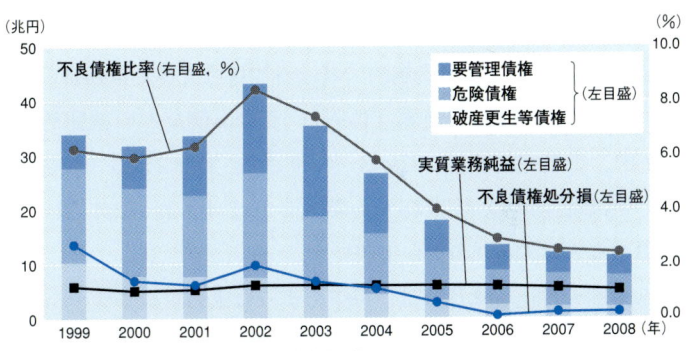

実質業務純益＝業務純益＋一般貸倒引当金繰入額
業務純益＝資金利益＋役務取引等利益＋その他業務利益――一般貸倒引当金繰入額－経費
資金利益：貸出金，預金，有価証券などの利息収支等
役務取引等利益：手数料収支等
その他業務利益：債券等関係損益，外国為替関係損益等

図 3-6　不良債権処理の推移（全国銀行）

（出所）　金融庁「金融再生法開示債権等の推移」（2009 年 2 月 10 日）より著者作成

信用秩序維持政策

　金融システムは決済・与信等の公共性の高い機能を果たしますが，取り付けや流動性不足に対して脆弱なので**信用秩序維持政策（プルーデンス政策）**が必要となります。金融自由化までは預金金利・手数料，業務分野について規制することで金融機関の経営安定，さらに金融システムの安定を図ってきました（**競争制限的規制**）。現在の事前的措置としては金融庁・日銀による金融機関に対する**検査・考査**，BIS規制に代表される**バランスシート規制**が主なものです。

　BIS規制（バーゼル合意）は銀行の健全性と銀行間の競争条件を確保するために信用リスクのある貸出については自己資本の12.5倍までに制限しようとしたものです（コラム参照）。

　通常の**自己資本比率**は資産に対する自己資本の比率ですが，BIS規制における「資産」はリスクのある資産（**リスクアセット**）です。資産のリスクに応じて**表3-5**のような掛け目（**リスクウエイト**）で重みづけします。またBIS規制における「自己資本」は通常の自己資本である**中核的自己資本**（Tier 1）と劣後債などの**補完的項目**（Tier 2），準補完的項目（Tier 3）の和です。Tier 2には一般貸倒引当金，有価証券含み益の45％も算入されます。ただし，Tier 2とTier 3の算入はTier 1の額が上限です。

　BIS規制の自己資本比率は，以下のように求められます。

$$\frac{\text{Tier 1} + \text{Tier 2} + \text{Tier 3}}{\text{信用リスクに応じて重みづけした資産の額} + \text{市場リスクによって発生しうる損失の推定額} \times 12.5 + \text{オペレーショナル・リスクによって発生しうる損失の推定額} \times 12.5}$$

　自己資本比率が基準を下回ると**表3-6**のような措置が取られ，自己資本比率を改善できなければ，市場からの退出を迫られます。

コラム　BIS規制（バーゼル合意）

> BIS規制は，国際決済銀行（BIS；Bank of International Settlement）が事務局を務める日米欧の銀行監督当局などからなるバーゼル銀行監督委員会が作成し，1988年に最終合意され，1993年から日本でも適用されています。1997年には金利，為替，株式，債券の変動による市場リスク（第8章の「市場リスク」とは異なります）も考慮に入れるように改訂されました。さらに2007年，バーゼルⅡでは信用リスクの計測が精緻化され，中小企業・個人向け貸出は小口分散によるリスク軽減効果を考慮してリスクウエイトが軽減されました。さらに，信用リスクと市場リスクに加えて事務事故，システム障害，不正行為等で損失が生じるリスク（オペレーショナル・リスク）の項が自己資本比率の分母に加わりました。

表3-5　リスクウエイト（バーゼルⅡ標準的手法）

延滞債権	50～150%（引当率が少ないほど大）
貸出（大企業・中堅企業）	100%（格付け使用せず） 20～150%（格付けが高いほど小）
貸出（中小企業（与信額1億円程度）・個人（与信額1億円未満））	75%
抵当権付住宅ローン	35%
金融機関向け債権	20%
政府関係機関への貸出，信用保証協会の信用保証付き貸出	10%
国債・地方債	0%

表3-6　自己資本比率と早期是正措置

国際統一基準*	国内基準	
4%以上 8%未満	2%以上 4%未満	経営改善計画の提出およびその実行の命令
2%以上 4%未満	1%以上 2%未満	配当・役員賞与の禁止または抑制，資本充実にかかわる計画の提出・実行，総資産の圧縮または増加の抑制など
0%以上 2%未満	0%以上 1%未満	自己資本の充実，大幅な業務縮小，合併または銀行業の廃止等のいずれかを選択・実施
0%未満		業務の全部または一部の停止命令

＊　国際業務を行う銀行についての基準

事後的措置：最後の貸し手機能と預金保険制度

　一部の金融機関の破綻が金融システム全体に波及することを防ぐための事後的措置が**最後の貸し手機能**です。金融機関同士の貸借を行うインターバンク市場で相手の信用リスクを恐れて取引が縮小すると，健全な金融機関まで流動性の不足によって資金繰りに行き詰まり連鎖的に破綻する可能性があります。さらに，金融機関は企業に対する貸出を回収するために信用創造と逆のプロセスによって**信用収縮**が発生します（図3-7）。1997年の山一證券自主廃業直後はコール市場に資金の出し手がいなくなりました。2008年のリーマン・ブラザーズ破綻後もドルのインターバンク市場では流動性が枯渇しました。このような場合に中央銀行が金融機関に緊急の貸出を行って流動性を供給する**最後の貸し手**（lender of last resort）となります。

　預金は家計の主要な金融資産ですが，根拠のない噂などによっても取り付けが発生する危険性があります。そこで預金取扱機関から保険料を集め，金融機関が破綻した場合に預金者に一定限度内の保険金を支払う，あるいは破綻金融機関の再建に資金援助を行う**預金保険制度**があります。これにより一般の預金者を保護すると共に預金に対する信認を確保して金融システムを安定化できます。一方，預金者がリスクを負担しないことから経営状態の悪い金融機関が高金利を呈示して預金を集める恐れもあります（モラルハザード）。

　預金保険から資金援助して破綻金融機関を健全な金融機関に譲渡し，金融サービスを引き継がせる**資金援助方式**と金融機関を清算して預金保険から直接預金者に保険金を支払う保険金支払（**ペイオフ**）方式があります（コラム参照）。金融機関を清算すると預金者，取引先への影響が大きいため，通常，資金援助方式が優先されます。

(1) 資金繰り(短観)

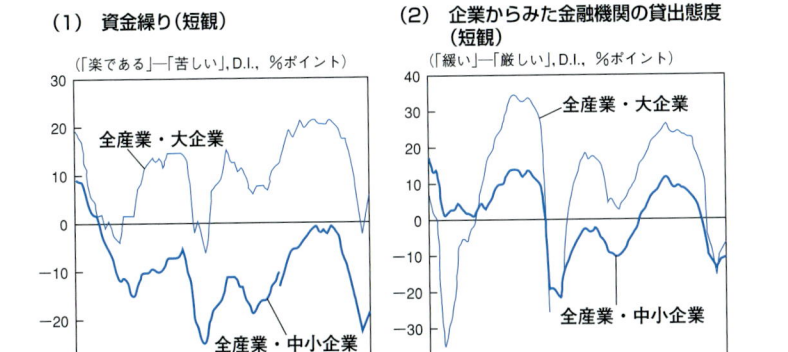

(「楽である」-「苦しい」、D.I.、%ポイント)

(2) 企業からみた金融機関の貸出態度(短観)

(「緩い」-「厳しい」、D.I.、%ポイント)

(資料) 日本銀行「企業短期経済観測調査」
短観は2004年3月調査より見直しを実施。旧ベースは2003年12月調査まで、新ベースは2003年12月調査から

図3-7 企業の資金繰りと企業からみた金融機関の態度
(出所) 日本銀行「金融経済月報 (2009年11月)」

コラム ペイオフ方式の凍結と解除

ペイオフ方式の場合、現在のわが国の預金保険制度では一金融機関につき預金者1人あたり元本1,000万円までとその利息が保護されます。

わが国では金融不安が表面化したため、1995年からペイオフ方式を凍結し、預金全額の払戻しを保証しました。しかし、金融機関のモラルハザードが懸念されたため、2002年には定期預金などのペイオフが解禁され、2005年にはさらにペイオフ対象が拡大しました。ただし、決済機能は公共性が高いため決済用預金は全額保証となっています。決済用預金とは、当座預金などの無利息の要求払い預金で決済サービスを提供できるものです。ペイオフ解禁に伴い、銀行の預金構成において定期預金から要求払い預金へのシフトが起こり、銀行の流動性リスクが高まりました(図3-2参照)。

預金保険の対象は日本国内に本店のある銀行、信用金庫、労働金庫であり、政府系金融機関、外国銀行の日本支店は対象外です。農林中金、農漁協は貯金保険制度の対象となります。普通預金・定期預金は対象になりますが、外貨預金は対象外です。

🌐 中小企業金融

　中小企業が社債，株式，コマーシャル・ペーパーの発行といった直接金融により投資家から資金を調達することは難しく，金融機関からの借入という間接金融が大部分を占めます（図3-8）。

　情報生産には固定費の要素が大きく，規模の経済が働きます。中小企業向け融資は1件あたりの金額が小さいため，貸出金額あたりの情報生産費用は貸し手・借り手の双方にとって高くなります。さらに，公開されていない情報の多い中小企業は貸し手との情報の非対称性が大きく，リレーションシップ貸出が主流となります。

　地方銀行や第二地方銀行は営業地域が限定されているため地域に密着した営業活動を行い，中小企業を主な融資対象としています。また，信用金庫，信用組合は非営利の協同組織として税制上の優遇を受ける代わりに地域の中小企業会員向けの融資を一定割合以上にすることが義務づけられており，中小企業向けの融資に特化することで審査・監視能力を高めています（表3-7）。

　中小企業向け融資の円滑化による便益が社会全体でみて費用を上回るなら，費用は社会全体で負担する必要があります。わが国では中小企業に直接に融資する公的金融機関として中小企業金融公庫があります。また，公的な信用補完制度である信用保証協会は企業から保証料を徴収し，債務不履行の際に企業に代わって債務を返済（代位弁済）します。融資全額の保証による貸し手のモラルハザードを防ぐため，金融機関が20％分のリスクを負担する責任共有制度が2007年に導入されましたが，従来通り全額保証する緊急保証制度も2008年後半に開始され，金融危機に対応して指定業種を拡大しています。信用保証つき融資は自己資本比率の計算におけるリスクウエイトが10％と低く，優良債権と査定されます。

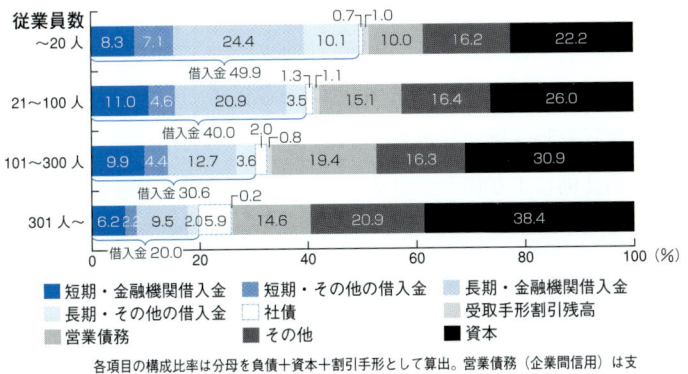

中小企業金融

従業員数

従業員数	短期・金融機関借入金	短期・その他の借入金	長期・金融機関借入金	長期・その他の借入金	社債	受取手形割引残高	営業債務	その他	資本
～20人	8.3	7.1	24.4	10.1	0.7	1.0	10.0	16.2	22.2
21～100人	11.0	4.6	20.9	3.5	1.3	1.1	15.1	16.4	26.0
101～300人	9.9	4.4	12.7	3.6	2.0	0.8	19.4	16.3	30.9
301人～	6.2	2.2	9.5	2.0	5.9	0.2	14.6	20.9	38.4

借入金 ～20人：49.9／21～100人：40.0／101～300人：30.6／301人～：20.0

各項目の構成比率は分母を負債＋資本＋割引手形として算出。営業債務（企業間信用）は支払手形＋買掛金，その他は引当金等の残高

図 3-8 従業員規模別の資金調達構成（2006 年度）
（出所） 2008 年度版中小企業白書

表 3-7 信用金庫と信用組合の比較

	信用金庫	信用組合
員外取引の受信制限	なし	総額の2割
員外取引の与信制限	総額の2割	総額の2割
法人会員資格	従業員300人以下または資本金9億円以下	従業員300人以下または資本金3億円以下（卸売業100人または1億円，小売業50人又は1千万円，サービス業100人または5千万円）

員外取引：会員（組合員）以外との取引

コラム　ベンチャー・キャピタル

情報生産費用を負担できない場合，または情報生産による貸し手側のリスク軽減が不十分な場合，貸し手にリスクの大きさに見合うリターンを提供する方法もあります。ベンチャー・キャピタル（VC）は負債ではなく，資本として資金を提供します。銀行融資の場合は審査費用を払わずに他行の融資を見てより低い金利での借換えを提案するというただ乗りが可能ですが，VCではこれを防ぐこともできます。

保　　険

　保険は事故によって生じる損失に備えて多数の加入者から保険料を集め，それを保険金として実際に損失の発生した者に給付する仕組みです。生命保険（表3-8参照），損害保険，そのどちらにも属さない第三分野保険に分類されます。

　大数の法則により加入者が増えるほど事故の発生率は統計的に安定します（コラム参照）。多くの加入者から保険料を集め，損失の生じた人に分配することで加入者は個々に事故発生に備えて流動性の高い資産を準備しておく必要がなくなります。しかし，地震などの大規模災害では数十年に一回，特定の地域に集中して巨額の損害が発生するので少数の保険会社にリスクが集中します。そこで保険金の支払いに備えて保険会社同士で互いに保険を掛け合う再保険によって他地域の保険会社にもリスクを分散させます。

　加入を検討している人と保険会社の間には情報の非対称性があります。たとえば車の運転技術については保険会社よりも当人のほうがよく知っています。保険会社は平均的な人に対する保険料を設定しますが，事故を起こすリスクが低い人にとっては割高です。その結果，保険料が割安に感じられるような高リスクの人だけが加入する逆選択の恐れがあります。これは加入者のリスクと関連が深い年齢・性別などの条件により保険料を変えることである程度防げます（リスク細分化保険）。ただし，高リスクの人が高い保険料を忌避して保険に加入しないことが懸念されるので，自動車損害賠償責任保険（自賠責）等の公的保険では強制加入にして逆選択を防いでいます。

　保険に加入した後，損害が補填されるからと加入者がリスク回避のための努力を怠り，加入以前よりも事故の発生確率が上がることも考えられます。これをモラルハザードといいます。

表 3-8　生命保険会社の貸借対照表（45 社合計）

(単位：兆円（構成比%），2009 年 3 月 31 日)

(資産の部)		(負債の部)	
現金・預貯金	5.0 (1.6)	保険契約準備金	291.1 (93.4)
コールローン	2.8 (0.9)	⋮	
		負債の部合計	305.1 (97.9)
有価証券	230.2 (73.9)		
国債	123.9 (39.7)	(純資産の部)	
地方債	9.8 (3.1)	基金または資本金	2.8 (0.9)
社債	27.5 (8.8)	⋮	
株式	15.6 (5.0)	純資産の部合計	6.6 (2.1)
外国証券	40.0 (12.8)		
貸付金	51.1 (16.4)		
⋮			
資産の部合計	311.7 (100.0)	負債＋純資産の部合計	311.7 (100.0)

（出所）　生命保険協会

コラム　大数の法則

　サイコロを振って 1 の目が出る割合は，1000 回，1 万回と振る回数を増やすほど変動しなくなり，6 分の 1 に近づいていきます。同様に，特定の個人について事故の発生を予測することは困難ですが，多数の人を集めた場合の事故の発生率は統計的に予測でき，対象とする人数（母数）が増えるほど予想は正確になります（**大数の法則**）。

　いま仮に，例年全国のドライバーの約 0.1％が事故を起こして 5,000 万円の賠償金を払っているとします。個人でこのリスクに備えるためには，流動性の高い資産を 5,000 万円保有している必要があります。しかし，5,000 万円の 0.1％にあたる 5 万円の保険料を 100 万人から集めると 500 億円になります。例年通り年間 100 万人のうち 0.1％にあたる 1000 人が事故を起こした場合，1 人あたり 5,000 万円の保険金を支払うことができます。

■ 本章のまとめ

- 間接金融では預金取扱機関が貸し手と借り手の間で取引単位，流動性，リスクなどの資産変換を行います。
- 預金取扱機関は流動性を求める家計と長期の資金を必要とする企業に対して要求払い預金を提供します。要求払い預金で集めた資金は，大数の法則にもとづいて企業などへ貸し付けられますが，自己実現的な銀行取り付けが発生する可能性もあります。
- 日銀当座預金は金融機関の決済手段であり，日銀は銀行の銀行の役割を果たします。日銀当座預金の決済はシステミック・リスクを回避するため，時点ネット決済から即時グロス決済へと移行しました。
- 貸し手の持つ情報が借り手よりも少ないという情報の非対称性により，逆選択や信用割当が起こります。情報の非対称性を軽減するためには情報生産が必要です。
- リレーションシップ貸出では，企業と長期に密接な関係を維持することで情報の非対称性の軽減を図りますが，ホールドアップ問題やソフトな予算制約の問題もあります。
- メインバンク制ではメインバンクは企業と最大債権者兼主要株主として長期継続的な関係を結ぶと共に人的な関係も持ち，経営危機に際しては救済を主導します。
- 不良債権処理には直接償却と間接償却があり，このときの損失に対しては金融機関の自己資本が緩衝材となります。
- プルーデンス政策には事前的措置と事後の措置があります。事前的措置としては競争制限規制，監督機関による検査，そして自己資本比率規制などのバランスシート規制があります。事後的措置の主なものは中央銀行による最後の貸し手機能と預金保険制度です。
- 中小企業は直接金融による資金調達が困難で，金融機関からの借入に依存しています。非公開情報が多いので，リレーションシップ貸出が主流です。貸出1単位あたりの情報生産のコストが高くなる傾向があり，政府系金融機関による融資や公的な信用保証も行われます。
- 保険は多数の加入者から少額の資金を集めることで大数の法則にもとづいて事故などのリスクに備える仕組みですが，情報の非対称性によって保険加入前の逆選択，保険加入後のモラルハザードという問題が生じます。

第4章 中央銀行と金融政策

🌐 中央銀行の役割

第1章で見たように，中央銀行には銀行券の独占的な発行権を認められた発券銀行としての役割があります。中央銀行の発行した銀行券は法定通貨として強制通用力を持ちます。

中央銀行券は中央銀行を除く経済全体にとっては資産で，これを外部貨幣と呼びます。これに対して預金，さらには債券，手形，小切手，借用証まで含めて，保有者の資産であると同時に発行者の負債であり，中央銀行を除く経済全体で考えると打ち消し合うので内部貨幣と呼びます。

中央銀行は流動性の一時的な不足に対しては，最後の貸し手として資金を供給します。すなわち，担保から見て返済能力があるが一時的に流動性不足に陥っている金融機関に対して，いつでも貸し出す（最後の貸し手になる）と事前に表明し，金融システムの維持・安定を図る役割（これをバジョットの原則といいます）を果たしています。

また，第3章の日銀当座預金のところで説明したように金融機関は中央銀行に預金口座を持ち，金融機関同士の決済に利用しています。これが銀行の銀行としての役割です。

さらに中央銀行には政府の預金口座（政府預金）もあり，政府の銀行という役割も果たしています。政府の銀行の歴史は古く，たとえば英国の中央銀行であるイングランド銀行は，政府の財政を支えるため政府に120万ポンドの貸付を行う代わりに銀行券発行の特権を与えられるという形で，1694年に設立されています。

歴史的には多くの中央銀行は民間からの出資で設立され，FRB等を除いて後に国有化されました（表4-1）。ECBにはEU加盟国の中央銀行が人口とGDPの比率から決めた出資割合で出資しています。

中央銀行の役割　　　　　　　　　　57

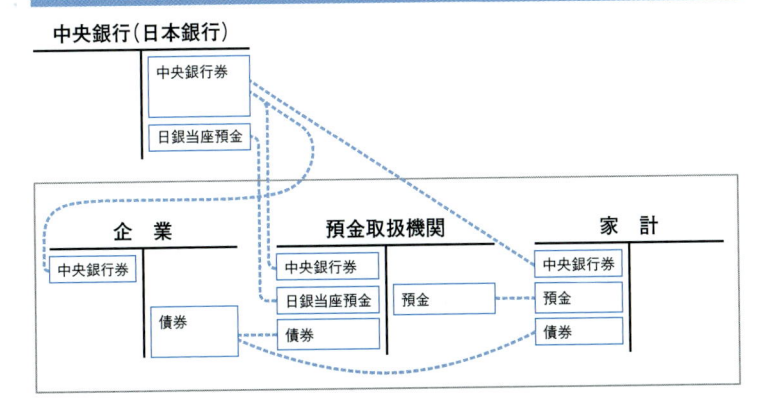

```
中央銀行（日本銀行）
    ├─ 中央銀行券
    └─ 日銀当座預金

企　業              預金取扱機関              家　計
 中央銀行券          中央銀行券                中央銀行券
                    日銀当座預金  預金        預金
 債券                債券                      債券
```

図4-1　外部貨幣と内部貨幣

表4-1　中央銀行の歴史

	設　立	銀行券の独占的発行	沿　革
スウェーデン・リクスバンク	1656年	1897年	1668年 民間銀行として国会の保障の下に運営
イングランド銀行	1694年 民有	1844年	1946年 国有化
フランス銀行	1800年 民有	1848年	1945年 国有化
日本銀行	1882年 半額政府出資	1883年	1885年 政府保有株式を皇室財産に編入（資本所有は民有形式に） 1942年 55％政府出資に
米国連邦準備制度（FRB）	1913年 加盟銀行が全額出資	1913年	
ドイツ・ブンデスバンク	1875年 ライヒスバンク，民有 1947年 各州中央銀行，州政府出資	1876年	1945年 ライヒスバンク閉鎖 1948年 レンダーバンク，州中央銀行が出資 1957年 ブンデスバンクに統一，全額連邦帰属に
欧州中央銀行（ECB）	1998年 EU加盟国中央銀行が出資	2002年	

（出所）　田尻嗣夫（1997）『中央銀行　危機の時代』日本経済新聞出版社を参考に作成

日本銀行

　日本銀行（日銀）は日本銀行法（表4-2）によって規定された，日本の中央銀行です。日本銀行法第1条，第2条には発券銀行としての役割と通貨及び金融の調節（金融政策）による**物価の安定**と**信用秩序の維持**が日銀の目的として挙げられています。

　第3条に規定された**中央銀行の独立性**は，インフレ抑制のために重要とされますが，目的の独立性ではなく金融政策の手段の独立性であり，実施した政策についてアカウンタビリティが求められます。さらにインフレ率について数値目標（ターゲット）を設定して，中央銀行が目標達成に責任を負う「インフレ目標」を採用している国もあります。日銀の設立当初，日本銀行券（日銀券）は兌換紙幣であり，正貨の準備を貸借対照表の資産，日銀券を負債に計上していました。現在の日銀券は不換紙幣ですが，日銀券の価値は金融政策の適切な遂行によって確保されるので日銀の「債務証書」のようなものであるとして負債に計上されます（表4-3）。一方，資産側には購入した国債や金融機関への貸出が計上されています。

　日銀は政府が55％を出資しています。出資証券は上場されていますが，出資者は経営に参加できません。配当の上限は，資本金（1億円）に対して年5％，日銀全体では500万円です。日銀の収益の大半は保有する国債の利子です。収益から費用を引いて残る剰余金はその5％以上を準備金に積み立て，配当を払った残りは国庫に納付されます。

　日銀の最高意思決定機関である**政策委員会**は国会の同意を得て内閣によって任命される9名の委員（総裁，副総裁2名を含む）からなり，5年の任期中は解任されません。政策委員会の金融政策決定会合には政府からの出席者も参加しますが，議決権はありません。

表4-2　日本銀行法

第一条　日本銀行は，我が国の中央銀行として，銀行券を発行するとともに，通貨及び金融の調節を行うことを目的とする。
  2　日本銀行は，前項に規定するもののほか，銀行その他の金融機関の間で行われる資金決済の円滑の確保を図り，もって信用秩序の維持に資することを目的とする。
第二条　日本銀行は，通貨及び金融の調節を行うに当たっては，物価の安定を図ることを通じて国民経済の健全な発展に資することをもって，その理念とする。
第三条　日本銀行の通貨及び金融の調節における自主性は，尊重されなければならない。
  2　日本銀行は，通貨及び金融の調節に関する意思決定の内容及び過程を国民に明らかにするよう努めなければならない。
第四条　日本銀行は，その行う通貨及び金融の調節が経済政策の一環をなすものであることを踏まえ，それが政府の経済政策の基本方針と整合的なものとなるよう，常に政府と連絡を密にし，十分な意思疎通を図らなければならない。

表4-3　日本銀行の貸借対照表（バランスシート）

(単位：兆円，2009年3月20日)

(資産の部)		(負債の部)	
金地金	0.4413	発行銀行券	76.4839
現金[*3]	0.2436	当座預金	11.8823
買現先勘定	10.1121	その他預金[*6]	6.8929
国債[*1]	64.6969	政府預金	3.2993
コマーシャル・ペーパー等	1.6263	売現先勘定	18.8662
社債	0.0435	雑勘定	0.8437
金銭の信託（信託財産株式）[*4]	1.2709	引当金勘定	3.2265
貸付金[*2]	32.6434	負債の部合計	121.4948
外国為替[*5]	12.3196		
代理店勘定	0.0973	(純資産の部)	
雑勘定	0.6150	資本金	0.0001
		準備金	2.6150
		純資産の部合計	2.6151
資産の部合計	124.1099	負債の部＋純資産の部合計	124.1099

*1　国債の内訳：長期国債 44.1830, 短期国債 20.5139
*2　共通担保資金供給オペレーションおよび企業金融支援特別オペレーションによる貸付金
*3　支払元貨幣（金融機関等の求めに応じて払い出される貨幣）
*4　信託銀行を通じて金融機関から買い入れた株式など
*5　外国中央銀行等への預け金，外国国債等，米ドル資金供給オペレーションによる貸付金
*6　外国中央銀行等の預金

(出所)　日本銀行『営業毎旬報告』
2008年度は，税引後当期剰余金3,002億円のうち，450億円を準備金に積み立て，500万円を配当，2,552億円を国庫へ納付しました。

準備預金制度

　第3章で説明したように，民間金融機関が中央銀行に預け入れている預金が，中央銀行預け金（日銀当座預金）です。

　日銀当座預金には決済手段，支払準備，準備預金という3つの役割があります。すなわち日銀当座預金は金融機関が他の金融機関や日銀・国と取引を行う場合の決済手段です。また，すぐに現金通貨を引き出すことができるので金融機関が個人や企業に支払う現金通貨の支払準備となります。さらに，次に述べる準備預金制度の対象となる銀行などの金融機関にとっては準備預金です。

　中央銀行預け金，日本銀行券，政府貨幣は中央銀行を除くすべての経済主体（ここには中央銀行以外の金融機関が含まれます）にとって資産であり，この3つの合計をマネタリーベースあるいはハイパワードマネー，ベースマネーといいます（前出の図4-1参照）。

　準備預金制度は，預金取扱機関に対して預金の一定比率（法定準備率）以上の金額を中央銀行に預け入れることを義務づける制度です。中央銀行に預け入れた預金（日銀当座預金）の利率は低いため，金融機関は通常，必要最小限の金額を預け入れます。わが国の準備預金制度の対象は銀行，信用金庫，農林中央金庫などの預金取扱機関です（2009年11月現在，たとえば2.5兆円以上の定期性預金の法定準備率は1.2％であり，1991年以来変更されていません）。

　日銀を含む多くの中央銀行では後積み・同時混合方式が採用されています。預金取扱機関は月の1日から末日までの預金の平均残高に準備率を掛けた額（所要準備）をその月の16日から翌月の15日までの間に日銀当座預金の平均残高として積む必要があります。つまり月の前半は前月の平均残高から所要準備が確定しているので後積み，月の後半は所要準備が未確定な状態での同時積みです。

準備預金制度　　　　　　　　　　　　　　　61

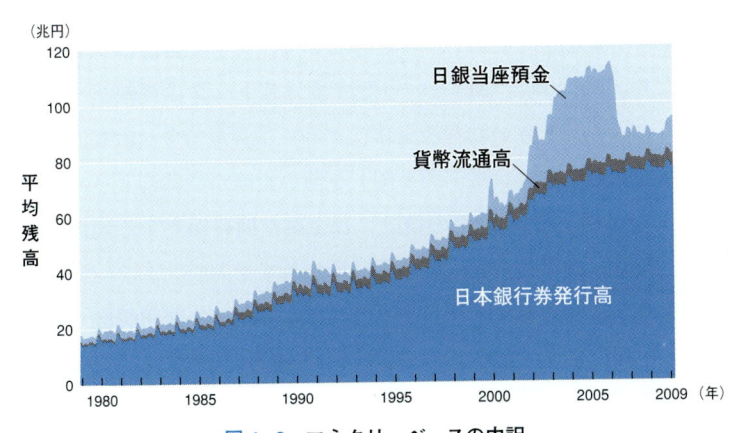

図4-2　マネタリーベースの内訳
（出所）　日本銀行時系列データより著者作成

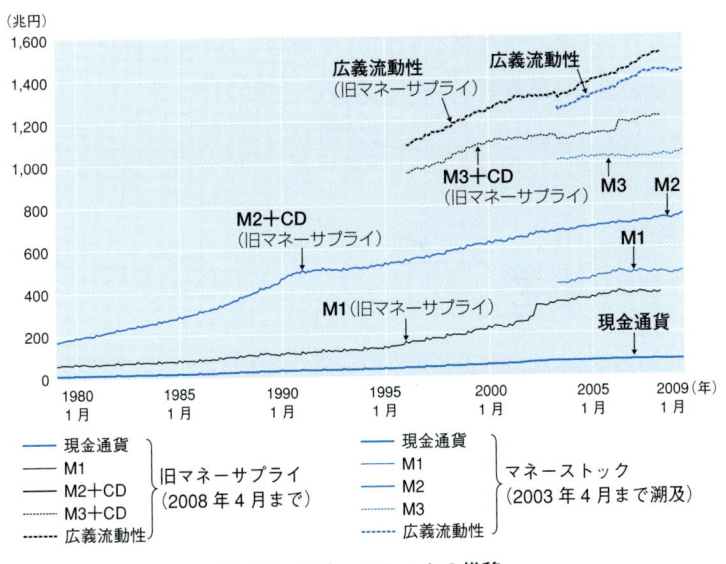

図4-3　マネーストックの推移
（出所）　日本銀行時系列データより著者作成

🔵 信用創造

第1章では通貨（マネー）の定義として，マネーストックを紹介しました。M1，M2，M3といったマネーストックは金融部門（中央銀行を含む）を除いた経済全体にとっては資産です（広義流動性は国債を含むので「金融部門と国」を除いた経済全体にとっての資産です）。マネーストックの統計には金融機関の保有する現金（日銀券と硬貨）および日銀当座預金は含まれません。

マネーストックをマネタリーベースで割った値を信用乗数（貨幣乗数）と呼びます。マネタリーベースは日銀券と硬貨からなる現金Cと準備金（日銀当座預金）Rの和$C+R$です。ここで簡単のため民間の非金融部門だけが現金を保有しているとすると，マネーストックは民間の非金融部門の持つ現金Cと預金D（預金の範囲はマネーストックの定義により異なります）の和$C+D$です。預金に対する準備金の比率（準備率）$\frac{R}{D}$をγ，現金Cと預金Dの比率（現金・預金比率）$\frac{C}{D}$をαと書くと，信用乗数$\frac{C+D}{C+R}$は以下のように表されます。

$$\frac{C+D}{C+R} = \frac{\frac{C}{D}+1}{\frac{C}{D}+\frac{R}{D}} = \frac{\alpha+1}{\alpha+\gamma}$$

預金が決済に使われると個々の主体の預金量は変化しますが，経済全体の預金量は変わりません。金融機関が貸出を行うことで経済全体の預金量は増加します。たとえば企業に貸出を行った金融機関においては資産側では企業に対する貸出，負債側では企業の当座預金がそれぞれ同額増えます。これが信用創造（預金創造）です。設備投資のための借入であればこの当座預金は設備購入代金の支払いに使われ，支払先の取引銀行に移動します。この信用創造は法定準

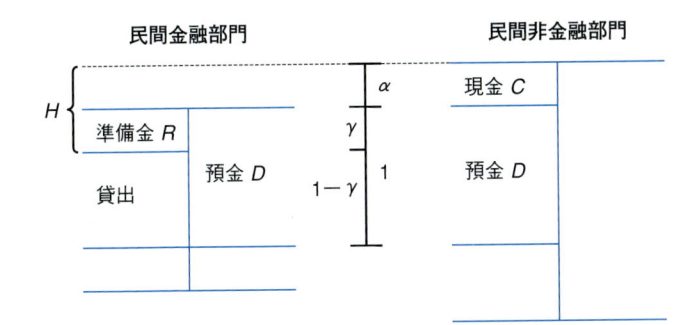

図 4-4　信用乗数

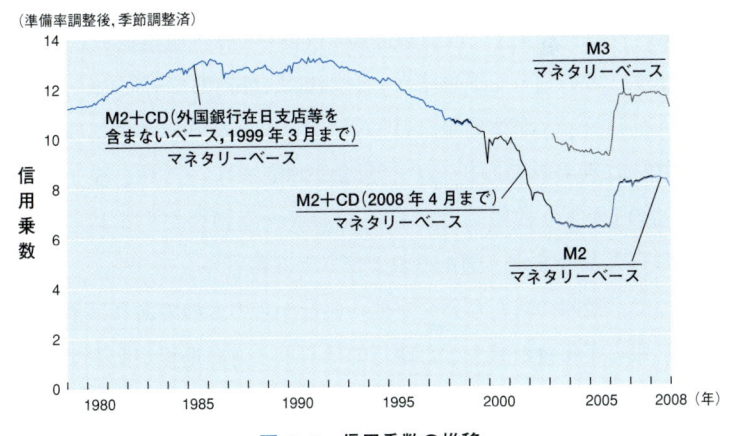

図 4-5　信用乗数の推移

（出所）　日本銀行時系列データより著者作成

1990年代後半以降の低金利や金融機関の相次ぐ破綻により現金を手元に置く傾向が強まると、現金・預金比率が上昇し、信用乗数は低下しました。さらに量的金融緩和により、マネタリーベースは量的金融緩和直前から5年で約7割増加しましたが、同期間のマネーストックの伸びは11％程度に留まり、信用乗数は低下しました。ゼロ金利によりコール市場での運用利息が費用を下回り、資金の出し手が減少、預金取扱機関は日銀当座預金に所要準備を超える準備金（超過準備）を滞留させました。また、短資会社など準備預金制度の対象外の金融機関も日銀当座預金に資金を滞留させました。

備率によって制約を受けますが，法定準備率で可能な限りの信用創造が行われるとは限らず，資金需要の乏しいときには準備率γが法定準備率を下回ることになります。

信用乗数は信用創造の過程からも導かれます。ある銀行Aが新たに預金を受け入れた場合，銀行Aの負債側の預金，資産側の現金あるいは日銀当座預金が同額増えます。銀行Aは受け入れた預金に対する所要準備を差し引いた額だけ新たに貸出を増やせます。準備率をγとすると銀行Aはたとえば企業Xに対して貸出を$1-\gamma$増やします。銀行Aでは負債側の預金と資産側の貸出が$1-\gamma$増えますが，企業Xが預金を支払いに使うと銀行Aの預金と日銀当座預金が$1-\gamma$減少し，支払先企業Yの取引銀行Bで預金と日銀当座預金が$1-\gamma$増加します。どの銀行も準備率がγとすれば，銀行Bでも同様に$1-\gamma$のうち，$(1-\gamma)\gamma$が準備金，$(1-\gamma)^2$が貸出となります。この預金も支払いに使われて$(1-\gamma)^2$の預金が増えます。これを繰り返すと最初の1から一段階ごとに$1-\gamma$倍の新たな預金が生まれ，合計すると$\frac{1}{\gamma}$となります（図4-6およびコラム参照）。

ここで，最初の新たな預金が他の銀行からのものであれば預金および日銀当座預金が減少した銀行では，上と逆の過程が発生するので，民間部門全体で預金量は増えません。新たな預金が外部貨幣（マネタリーベース）のときに限り，信用創造により民間部門の預金量が増加します。このときの外部貨幣を本源的預金と呼びます。

現実には貸出の一部は現金のまま保有されます。現金・預金比率をαとすると$1-\gamma$の貸出のうち$\frac{1-\gamma}{1+\alpha}$が預金，$\frac{(1-\gamma)\alpha}{1+\alpha}$が現金になります。貸出1に対して$\frac{1}{1+\alpha}$が預金に留まるのでこれを**預金歩留まり率**と呼びます。最初の預金に対して1段階目の預金は

信用創造　　　　　　　　　　　65

$$1 + (1-\gamma) + (1-\gamma)^2 + (1-\gamma)^3 + \cdots = \frac{1}{1-(1-\gamma)} = \frac{1}{\gamma}$$

$$1 + \frac{1-\gamma}{1+\alpha} + \frac{(1-\gamma)^2}{(1+\alpha)^2} + \frac{(1-\gamma)^3}{(1+\alpha)^3} + \cdots = \frac{1}{1-\frac{1-\gamma}{1+\alpha}} = \frac{1+\alpha}{\alpha+\gamma}$$

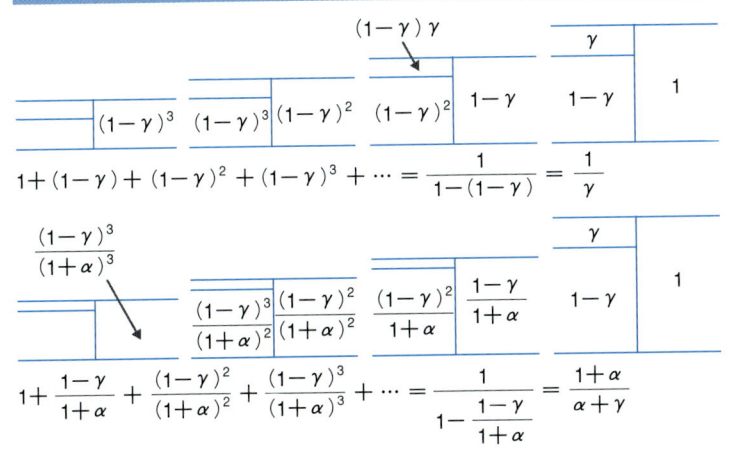

図 4-6　信用創造の過程

たとえば，準備率 γ が 3％，現金・預金比率 α が 7％の場合には信用乗数は $\frac{1+0.07}{0.07+0.03} = 10.7$ となります。

コラム　等比数列の和

初項 a，公比 r の等比数列 $a, ar, ar^2, \cdots$ の第 n 項までの和 S_n を求めます。式 (1) の両辺に r をかけた式が式 (2) です。式 (1) から式 (2) を引くと左辺は両端だけが残ります。ここから和 S_n が式 (3) のように求められます。公比が 1 よりも小さければ n を無限大にしたときの和も式 (4) のように求められます。

$$a + ar + ar^2 + \cdots + ar^{n-1} = S_n \tag{1}$$

$$ar + ar^2 + \cdots + ar^{n-1} + ar^n = S_n r \tag{2}$$

$$a \qquad\qquad\qquad - ar^n = S_n - S_n r = S_n(1-r) \quad (1)-(2)$$

$$S_n = \frac{a(1-r^n)}{1-r} \tag{3}$$

$r < 1$ であれば $n \to \infty$ とすると $r^n \to 0$ なので，

$$S_\infty = \frac{a}{1-r} \tag{4}$$

この等比数列の和の公式は割引現在価値，乗数効果の計算にも用いられます。

$\dfrac{1-\gamma}{1+\alpha}$，2段階目の預金は $\dfrac{(1-\gamma)^2}{(1+\alpha)^2}$ と1段階ごとに $\dfrac{1-\gamma}{1+\alpha}$ を掛けていくので，歩留まりを考慮しない場合の $1-\gamma$ を $\dfrac{1-\gamma}{1+\alpha}$ に置き換えて最終的な預金の増加は $\dfrac{1+\alpha}{\alpha+\gamma}$ となります。これが前項の信用乗数です。

🌐 金融調節の手段と波及経路

　中央銀行の主な政策手段は**貸出政策**，**公開市場操作**，**法定準備率操作**です。日本銀行の金融機関に対する貸出（日銀貸出）における金利は**公定歩合**と呼ばれ，日銀は戦後長らく金融機関が資金調達するときのもっとも低い金利となるように公定歩合を調整してきました。公定歩合には日銀の姿勢を市場に示す**アナウンス効果**もあり，銀行の預金金利も公定歩合に連動していたため公定歩合と日銀貸出の額が金融調節の手段としてもっとも重要でした。

　しかし1995年から，日銀は公開市場操作により短期の市場金利を公定歩合よりも低く誘導するようになりました（**図4-7**）。誘導対象となる金利は，金融機関同士の資金貸借を行うコール市場において無担保で翌日まで借りる金利（**無担保コールレート・オーバーナイト物**）です。以降，これが公定歩合に代わって政策金利となり，公開市場操作が日銀の最重要な政策手段となりました。現在，日銀は政策金利という語感のある公定歩合という呼び方を止め，「基準割引率及び基準貸付利率」という用語を使用しています。

　公開市場操作（オペレーション）は金融機関を相手に国債などの金融資産の売買，あるいは金融資産を担保とした貸付を行うことにより，金融機関の保有する日銀当座預金，さらにはオーバーナイト

金融調節の手段と波及経路   67

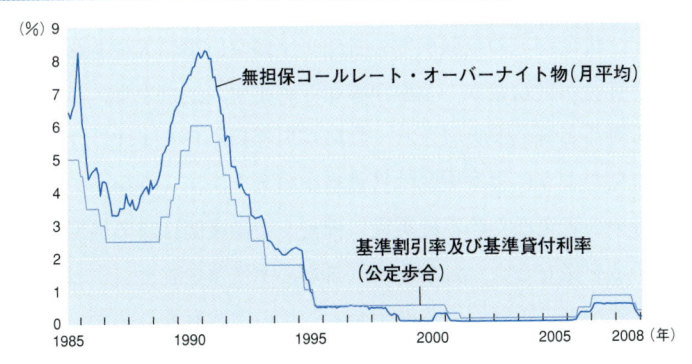

図4-7 公定歩合と無担保コールレート・オーバーナイト物の推移
（出所） 日本銀行時系列データより著者作成

表4-4 日本銀行のオペレーションの概要

	種　類	開始時期	概　　要	期　間
資金供給	共通担保オペ	2006年	適格と認める金融資産（国債，地方債，政府保証債，財投機関等債，社債*，CP等，手形，証書貸付債権など）を担保として貸付	1年以内
	国債買現先オペ	2002年	国債を売り戻し条件つきで買入	1年以内
	短国買入オペ	1999年	短期国債を買入	―
	CP等買現先オペ	1989年	適格と認めるCP等を買入	3カ月以内
	国債買入オペ	1966年	利付国債を買入	―
資金吸収	国債売現先オペ	2002年	国債を買戻し条件つきで売却	6カ月以内
	短国売却オペ	1999年	短期国債を売却	―
	手形売出オペ	1971年	満期が3カ月以内に到来する手形で，日銀が振出人，受取人，支払人を兼ねるものを売却	3カ月以内

CP（コマーシャル・ペーパー）：信用力のある企業が無担保で短期の資金調達のために発行する約束手形の一種。期間は主に翌日から1週間
短期国債：p.89参照
現先取引：一定期間後にあらかじめ定めた価格で買い戻す，あるいは売り戻すことを取り決めた条件付の売買取引，10日から3カ月まで
* 格付けA格相当以上，残存期間1年以内

（出所） 日本銀行ウェブページ

金利を調節します（表4-4）。たとえば日銀が金融機関から国債を買うと，代金がその金融機関の日銀当座預金口座に入金されるという形で資金が供給され，金融が緩和されます。逆に手形，短期国債などを売ると資金が吸収され，金融が引き締められます。

先に見たように金融機関は日銀当座預金を決済に利用していますが，将来の資金繰りの不確実性に備えて金融機関はある程度の日銀当座預金を保有しようとします。また，準備預金制度によって積み立てを義務づけられている準備金としての需要もあります。

日銀当座預金の変動には以下の要因もあります。預金口座から現金が引き出された場合，預金取扱機関はまずは手持ちの銀行券で支払い，その後，日銀当座預金を取り崩して銀行券を補充します（**銀行券要因**）。また，納税に際しては納税者の預金とその金融機関の日銀当座預金が納税額だけ減少，政府預金がその分増加します。逆に公共事業の支払いの場合は日銀当座預金が増加，政府預金が減少します。これが**財政要因**です。オーバーナイト金利は以上のような日銀当座預金に対する需要と供給が一致するように決まります。

公開市場操作は**一時的オペ**と**永続的オペ**に分類できます。一時的オペは銀行券要因や財政要因による変動に対応するもので，共通担保資金供給オペが代表です。一方，永続的オペは経済の成長に伴う銀行券の増加に合わせて行われ，長期国債買入（国債買入オペ）がこれにあたります。

金融政策の波及経路は主に金利，資産価格，信用（貸出），為替レートを通じたものです（図4-8）。オーバーナイト金利を動かすことで中長期の金利も同方向に動かすことができます（第6章 p.98参照）。ただし長期の金利になるほど将来の経済状態，物価上昇率に対する予想の占める割合が高く変動は小さくなります（図4-9）。

金融調節の手段と波及経路　　　69

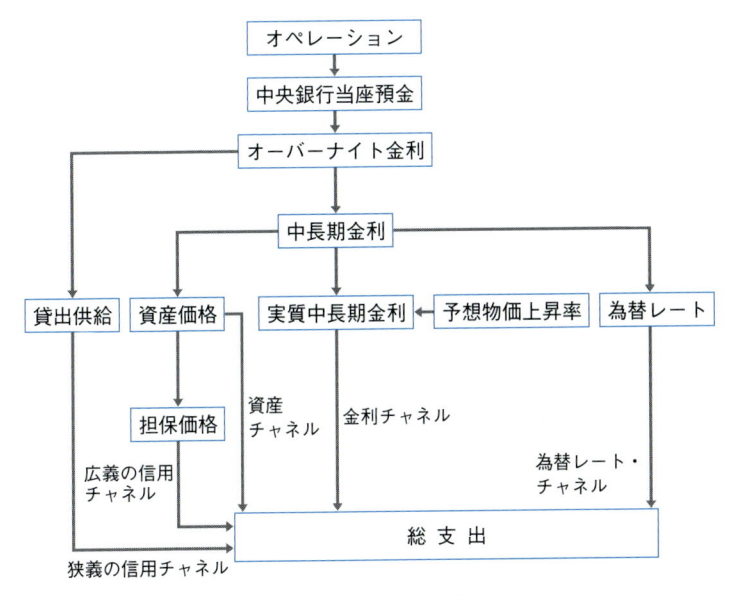

図 4-8　金融政策の効果波及経路の概念図

（出所）　白川方明（2008）『現代の金融政策――理論と実際』日本経済新聞出版社，p.180

コラム　短期市場金利の上限と下限

　2001年に導入された補完貸付制度は，日銀が適格と認めた手形・債券などを担保として，金融機関が希望する量の資金を貸し付ける（ロンバート型貸出）制度です。これより高い金利で他の金融機関から借りることはなくなるので，以降，公定歩合（基準割引率及び基準貸付利率）は短期金利の事実上の上限となりました。

　金融市場の安定確保のため，2008年11月から，日銀当座預金のうち所要準備を超える額については利息の付与が開始されました。日銀当座預金は信用リスクがないので，これ以下の金利で他の金融機関に貸すことはなく，この金利が短期の市場金利の事実上の下限となっています。

金利が下がると企業の設備投資や家計の住宅投資は増加します（金利チャネル；第5章参照）。ただし，この金利は将来の物価上昇率の予想を差し引いた実質金利で考える必要があります。また株式，土地など将来の収益を現在に割り引いて価格を求める資産は金利低下により価格が上昇し，これにより消費等の支出が増加します（資産チャネル；第7章p.118参照）。一方，短期金利が低下しても長期金利は短期金利ほど低下しないことが多く，一般に銀行は短期の預金を集めて長期に貸し出しているので利鞘が拡大し，貸出（信用供与）を増加させます（狭義の信用チャネル）。さらに貸出の際に担保となる土地などの資産も金利低下により価格が上昇するので銀行は貸出をいっそう拡大します（広義の信用チャネル）。為替レートは金利の低下により円安になり，これが輸出を増加，輸入を減少させます（為替レート・チャネル）。

量的金融緩和政策

日銀は2000年2月に短期金利の誘導目標を0.15％に引き下げ（いわゆるゼロ金利政策），2000年8月にいったんゼロ金利を解除したものの2001年2月にふたたび0.15％に引き下げ，さらなる金融緩和のため2001年3月からコールレートに代えて日銀当座預金残高を誘導目標とする量的金融緩和政策を実施しました（2006年3月まで；図4-10）。誘導目標は2004年1月には30～35兆円程度にまで増額されました。

日銀が公開市場操作で国債を買い入れることで，日銀の資産としての国債と負債としての日銀当座預金が増加し，日銀のバランスシート規模が拡大しました。これに伴って長期国債の買入は量的緩和前の月額4000億円から2002年10月には月額1.2兆円に増額されました（2009年4月現在，月額1.4兆円）。「生鮮食品を除く消費者物

(a) 国債利回り

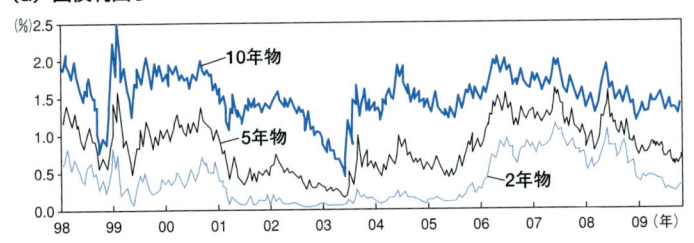

(b) 主要国の長期金利（10年物国債利回り）

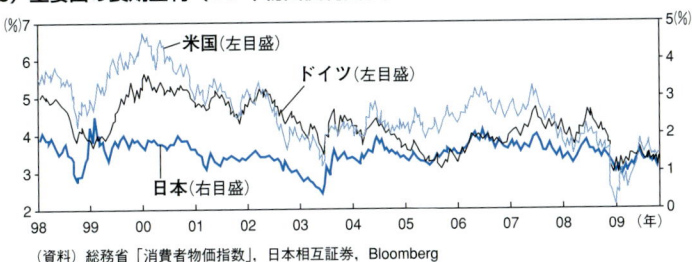

（資料）総務省「消費者物価指数」，日本相互証券，Bloomberg

図 4-9　長期金利の推移
（出所）日本銀行「経済・物価情勢の展望」(2009 年 11 月)

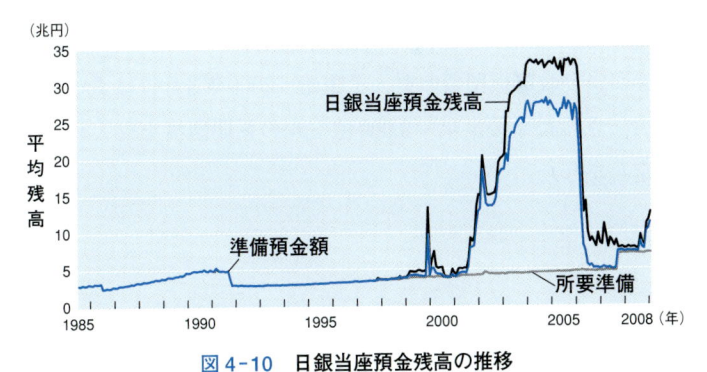

図 4-10　日銀当座預金残高の推移
（出所）日本銀行時系列データより著者作成

価指数が安定的に0％以上となること」を量的金融緩和解除の条件としたため，ゼロ金利状態が長期に続くという予想から長期金利も低下するという効果（**時間軸効果**）がありました。さらに金融不安の抑制や為替レートの円安誘導という効果も期待されました。

　サブプライム問題に端を発する金融危機（第10章p.204で詳しく解説します）では，2008年9月のリーマン・ブラザーズ破綻後に金融機関同士のカウンターパーティ・リスクが意識された結果，短期金融市場が機能不全となり，ドルの「流動性がほぼ枯渇」しました。これに対して各国の中央銀行は金融資産を担保とする貸出や金融資産の買取りによって金融機関に資金を供給し，中央銀行の資産側では日銀の量的金融緩和とは異なり，国債以外の金融資産が増加，中央銀行のバランスシートが拡大しました（**図4-11**）。とくにFRBやイングランド銀行のバランスシートは2008年9月から年末にかけて約2倍半に拡大しました（同期間にECBは約4割増，日銀は約14％増）。米国FRBは2007年半ばから政策金利を引き下げてきましたが，インフレ懸念を重視してきた欧州ECBも利下げに転じます（**図4-12**）。FRBは2008年末には政策金利を0〜0.25％とし，不動産担保証券および政府機関債の買入を開始，2009年3月には買い入れ枠を拡大，さらに今後半年で3,000億ドルの長期国債を買入れることを決定しました。

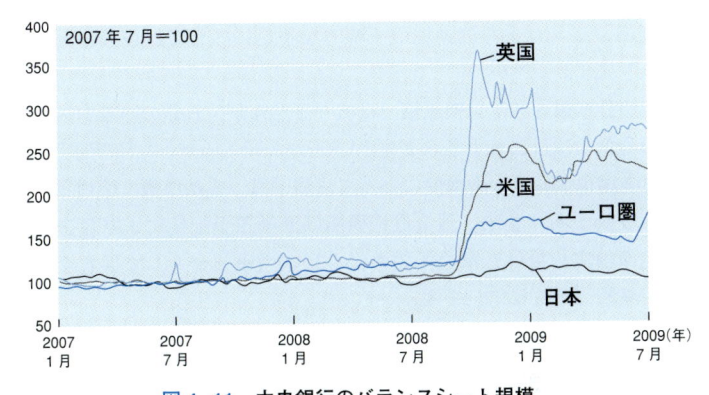

図 4-11　中央銀行のバランスシート規模
（出所）　日本銀行「金融市場レポート」（2009 年 7 月）

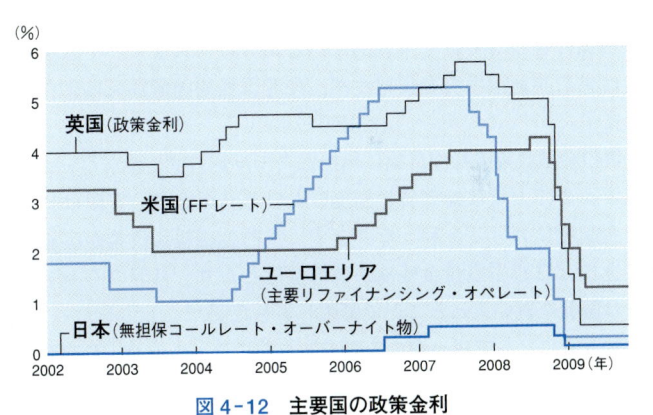

図 4-12　主要国の政策金利
（出所）　日本銀行「経済・物価情勢の展望」（2009 年 11 月）

第4章　中央銀行と金融政策

■ 本章のまとめ

- 中央銀行には銀行券の独占発行権を持つ発券銀行，金融機関の決済に用いられる銀行の銀行，政府の預金口座がある政府の銀行という役割があります。また流動性の一時的な不足に際しては最後の貸し手となります。
- 現在の日本銀行券は兌換紙幣ではありませんが，日銀のバランスシートの負債の項目に計上されます。
- 日銀当座預金には金融機関にとって決済手段，支払準備，準備預金という役割があります。預金取扱機関は準備預金制度により預金量に法定準備率を掛けた額の所要準備を日銀当座預金として保有することが義務づけられています。
- マネーストックをマネタリーベースで割った値を信用乗数と呼びます。預金取扱機関は信用創造によって経済に預金通貨を供給します。信用乗数は準備率と現金・預金比率によって決まります。準備率の下限が法定準備率です。
- 日銀の金融政策の主な手段である公開市場操作は，銀行券要因・財政要因による変動を均すための一時的オペと，経済成長に伴う銀行券の増加に合わせて行う永続的オペとに分けられます。それぞれ，前者は主に共通担保資金供給オペ，後者は長期国債買入によって行われます。
- 日銀の金融政策の操作目標は無担保コールレート・オーバーナイト物です。この上限は補完貸付制度における基準金利，下限は補完当座預金制度における金利となります。量的金融緩和政策が実施されたときには日銀当座預金残高が誘導目標となり，日銀のバランスシートは国債を買い入れることで膨張しました。
- 金融政策には，実質金利の変動を通じた投資への波及，長短金利差や資産価格の変動を通じた金融機関の貸出への波及，為替レートの変動を通じた輸出入への波及といった波及経路があります。

第5章
金融政策と財政政策

貨幣需要とGDP：古典派の貨幣数量説

一定の期間に貨幣（マネーストック）が平均何回取引に用いられたかを貨幣の流通速度（回転速度）といい，その期間に経済全体で行われた取引の総額を貨幣量（の平均値）で割ることで求められます。価格の上昇と取引量の増加を区別するために基準年を1とした物価水準をPとすると，名目取引高を物価水準で割ったものが実質の取引高なので，実質取引高をTとすれば名目取引高はPTです。名目は時価で，実質は基準年の価格で評価した取引高です。名目取引高PTを通貨量Mで割ったものが貨幣の流通速度Vなので，$V=\dfrac{PT}{M}$となります。これを変形して得られるフィッシャーの交換方程式$MV=PT$は，事後的に常に成り立つ式（恒等式）です。

これに対して実質GDPをYとしたとき，$M=kPY$が現金残高方程式（ケンブリッジ方程式）です。PY（名目GDP）に比例する貨幣需要kPYと貨幣供給Mの均衡を表し，このときのkをマーシャルのkと呼びます（図5-1）。この式はkを$\dfrac{1}{V}$，Yを取引高Tに置き換えるとフィッシャーの交換方程式となります。ただし，取引高のうち原材料・中間製品はGDPには含まれないのでGDPは取引高より小さくなります（GDPの内訳は図5-2参照）。

古典派の貨幣数量説では貨幣の流通速度は，習慣，制度，技術的要因によって決まり，短期的には一定と考えます。さらに賃金や物価が市場の需給に応じて完全に伸縮的に動くと仮定します（古典派の仮定）。このとき実質GDPは賃金が低下することで完全雇用の水準に決定され，貨幣量とは無関係です。Y（実質GDP）が決まった後で$M=kPY$によって貨幣量Mが物価水準Pを決定します（貨幣の中立性）。よって古典派の仮定が正しければ，貨幣量は物価水準のみを決定し，中央銀行が貨幣量を固定すれば物価は安定します。

貨幣需要とGDP：古典派の貨幣数量説　　　　　　　　　　77

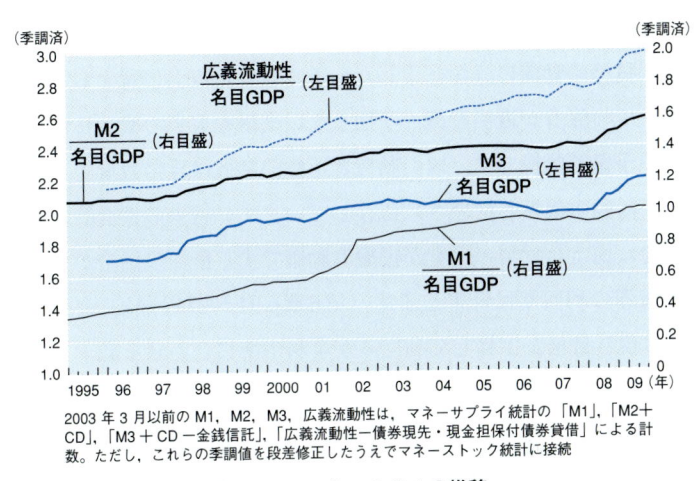

2003年3月以前のM1，M2，M3，広義流動性は，マネーサプライ統計の「M1」，「M2＋CD」，「M3＋CD－金銭信託」，「広義流動性－債券現先・現金担保付債券貸借」による計数。ただし，これらの季調値を段差修正したうえでマネーストック統計に接続

図 5-1　マーシャルの k の推移
（出所）日本銀行「金融経済月報」（2009年11月）

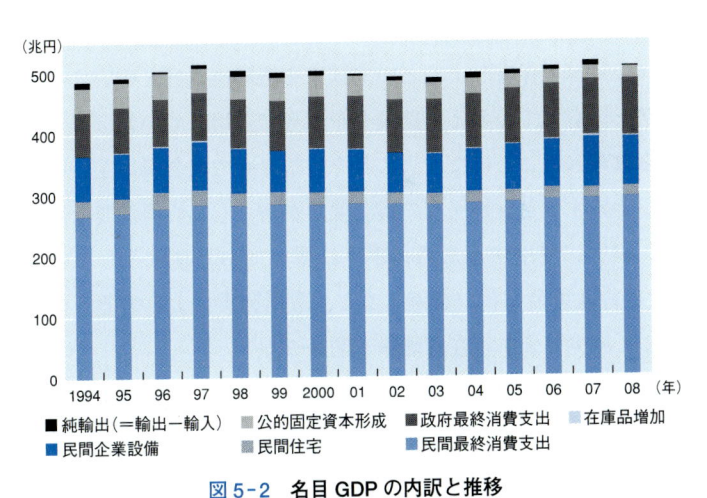

図 5-2　名目 GDP の内訳と推移
（出所）内閣府「国民経済計算」時系列表より著者作成

貨幣需要と金利

　ケインズ（J. M. Keynes）は貨幣の保有動機を取引動機，予備的動機，投機的動機に分類しました。予定された取引に対する支払手段としての保有が取引動機，予期しない支出や取引の機会に備えた保有が予備的動機です。取引動機と予備的動機は貨幣数量説と同様に経済活動の規模と活発さに依存しています。将来の投機的な取引の機会に備えた貨幣の保有が投機的動機です。債券の価格が上昇すると債券の利回りは低下します（第6章p.94～97参照）。金利下落時には債券価格が上昇して利回りが金利水準に合わせて低下します。現在の債券価格が十分に高い（つまり金利が低い）と判断する人が増えるほど，債券価格の下落を予想して貨幣を保有しようとする人が増えます。その結果，金利が下がると貨幣の需要が増加します。他の資産の場合はまず売却して貨幣に換える必要がありますが，希望する時に希望の価格で売却できるとは限りません。資産を流動性に優れた貨幣で保有しようという欲求を流動性選好といいます。

　貨幣を保有していると定期預金や債券で運用していれば得られた利息を放棄したことになり，これを貨幣保有の機会費用といいます。金利が上昇すると貨幣保有の機会費用が増大して貨幣需要は減少します。取引に使用するために手元に置いておく在庫としての貨幣（現金や普通預金など）を考えると，取引動機による需要も金利が上がると減少します（在庫理論；図5-3）。

　さらに株式などの金融資産には価格変動リスクがあります。これらの金融資産のリスクが大きくなると価格変動リスクのない貨幣の需要が増大します。（トービン=マーコビッツの資産選択理論；第8章参照）。

貨幣保有の費用＝換金費用＋貨幣保有の機会費用

$$= b\frac{y}{m} + i\frac{m}{2}$$

（1回あたり換金費用）（利子率）
（換金回数）（貨幣の平均残高）

1回の換金額＝m
1回あたり換金費用＝b

貨幣の在庫

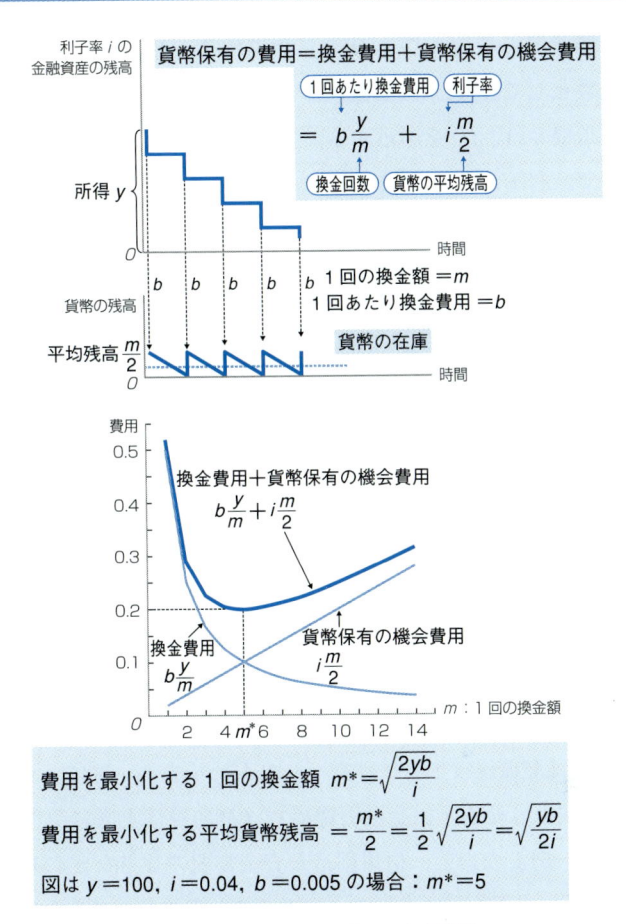

費用を最小化する1回の換金額 $m^* = \sqrt{\dfrac{2yb}{i}}$

費用を最小化する平均貨幣残高 $= \dfrac{m^*}{2} = \dfrac{1}{2}\sqrt{\dfrac{2yb}{i}} = \sqrt{\dfrac{yb}{2i}}$

図は $y=100$, $i=0.04$, $b=0.005$ の場合：$m^*=5$

図5-3 ボーモル＝トービンの在庫理論

1年間の所得 y を1年間ですべて消費する場合を考えます。貨幣にはいくつかの定義がありますが，現金・当座預金は利息がつかず，普通預金は利息が低いため，決済手段としての貨幣の在庫は極力少なくし，債券や定期預金などの資産としておくことが有利です。ここでは貨幣には利息はつかず，貨幣以外の金融資産には金利 i で利息がつき，これを換金するとき1回あたり b の費用がかかるとします。このとき金利が上昇すると最適な貨幣の保有量は減少します。

貨幣市場：*LM*曲線と金融政策

前節までの議論より，（実質）貨幣需要をY（GDP）とi（金利）の関数として$L(Y, i)$と書きます。GDPを固定して金利に対する貨幣需要$L(Y, i)$を図示すると金利上昇に伴い貨幣需要が減少するので，右下がりの曲線になり，（実質）貨幣供給$\frac{M_S}{P}$との交点で金利が決まります（図5-4左図）。

GDPが増えると貨幣需要は増加するため曲線は右にシフトし，貨幣供給との交点で決まる金利は上昇します。このようなGDPが増加すると金利が上がるという関係を横軸にGDP，縦軸に金利をとって示したものが*LM*曲線です（図5-4右図）。*LM*曲線の下側では貨幣市場において需要が供給を上回っているため，金利が上昇します。*LM*曲線の上側では逆に需要が供給を下回っているため，金利が低下します。*LM*曲線上では貨幣市場の需給が一致しています（均衡）。古典的貨幣数量説のように貨幣需要が金利に影響を受けない場合，*LM*曲線は垂直になります。

金融政策には第4章で見たような波及経路がありますが，マネーストックを増加させると（金融緩和），貨幣市場の均衡する金利が低下し，*LM*曲線は下方に移動（シフト）します。逆にマネーストックを減少させると（金融引締め），*LM*曲線は上方にシフトします（図5-5）。ただし，信用創造が資金需要の強さなどにも依存するため，中央銀行がマネーストックをコントロールできるとは限りません。すべての人が債券価格がこれ以上は上がらないと思ったとき，貨幣需要が無限に大きくなり，貨幣供給が増加しても金利が下がらない状況を流動性の罠と呼びます。このとき*LM*曲線は水平になります（図5-6）。さらに短期金利まで含めて名目金利に低下余地がない状況も流動性の罠と呼びます。

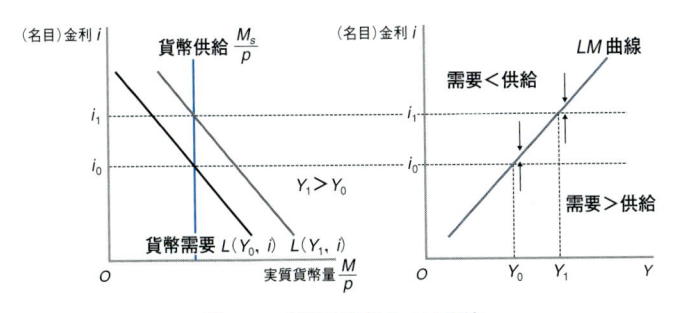

貨幣市場：*LM*曲線と金融政策　　　　　　　　　　　　　　　81

図 5-4　貨幣の需給と *LM* 曲線

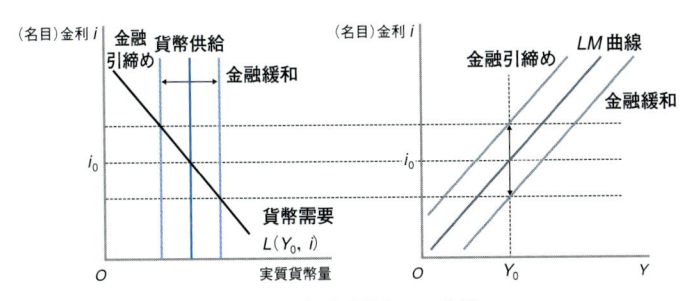

図 5-5　金融政策と *LM* 曲線

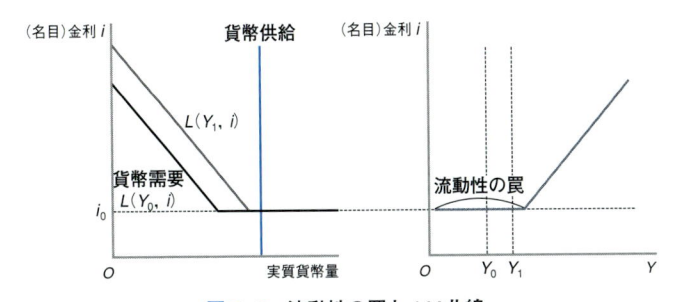

図 5-6　流動性の罠と *LM* 曲線

財市場：*IS*曲線と財政政策

　金利が下がると，企業は借入や社債発行によって設備投資を個人はローンによる住宅購入を増やします。この投資の分だけ需要が増加するのでGDPは増加し，賃金や配当として分配され，この所得は貯蓄される分を除いて消費されます。さらに，この第2次の需要増加により，所得が増加し，貯蓄される分を除いて再び消費されます。これを第3次・第4次……と繰り返すと，所得の6割が消費されると仮定した場合，最初の投資の増加額の$1+0.6+(0.6)^2+\cdots\cdots=2.5$倍の所得の増加になります。これを**乗数効果**と呼びます。このように金利が下がるとGDPが増えるという関係を横軸にGDP，縦軸に金利をとって表したものが*IS*曲線です（図5-7）。

　*IS*曲線の右側の点では生産（供給）がその金利水準における投資と消費からなる需要を上回っているため，在庫が増加し，需給が一致するまで生産が縮小されてGDPが縮小します。一方，左側の点では需要が供給を上回り，在庫が減少して生産が拡大され，GDPが増加します。*IS*曲線上では財市場の需給が一致します。

　財政政策として公共投資を増額すると，その分の需要に加えて乗数効果によりさらに需要が増加します。ある金利に対して財市場で需給が一致する点はその分右側になり，*IS*曲線は右にシフトします。また減税や給付金の場合も一部は貯蓄に回りますが残りは消費され，これに乗数効果が加わり*IS*曲線は右にシフトします。公共投資の減額あるいは増税の場合は，逆に*IS*曲線は左にシフトします（図5-8）。金利の変動による投資額の増減が大きい（投資の金利感応度が高い）ほどGDPの増減も大きく，*IS*曲線の傾きは緩やかになります。また所得増加分を消費に回す割合（限界消費性向）が高いほど，乗数効果が大きくなるので傾きは緩やかになります。

財市場：IS曲線と財政政策

図5-7　IS曲線

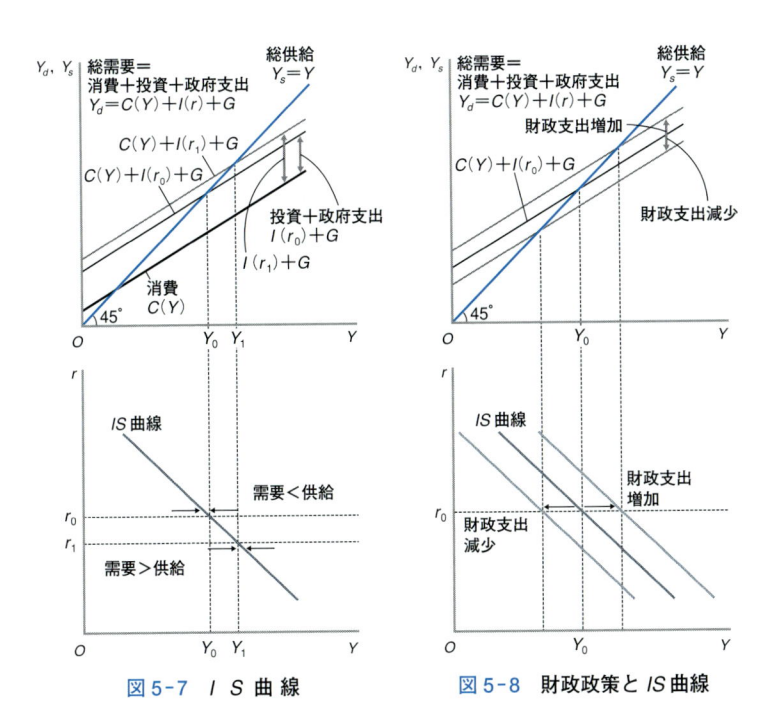

図5-8　財政政策とIS曲線

コラム　名目金利と実質金利

名目金利iから，将来の物価上昇率の予想値（**期待インフレ率**π）を差し引いたものを**実質金利**rと呼びます（$r = i - \pi$）。物価が上昇すれば，売上数量は不変でも名目の売上高は増加しますが，借入に対する返済額は変わらないので企業にとって実質的な借入負担は軽減されます。IS曲線の縦軸は投資額の決定において考慮される金利なので実質金利です。

一方，貨幣と債券はどちらも等しくインフレの影響を受けます。したがって貨幣と債券を比較する場合，期待インフレ率は考慮する必要はなく，LM曲線の縦軸は名目金利になります。

財市場と貨幣市場の均衡：*IS-LM*分析

　*IS*曲線，*LM*曲線を使って金融・財政政策の効果を分析します（*IS-LM*分析；図5-9参照）。*IS*曲線はある金利に対して財市場が均衡するGDPを表します。一方，*LM*曲線はGDPに対して貨幣市場が均衡する金利を表します。よって，*IS*曲線と*LM*曲線の交点では財市場も貨幣市場も均衡しています。財市場・貨幣市場・債券市場という3市場だけを考えると，財市場と貨幣市場が均衡すれば，残りの債券市場は自動的に均衡します（ワルラスの法則）。

　貨幣量が変化しても金利があまり動かない，つまり*LM*曲線が水平に近い場合は，金融政策の効果は小さくなります（図5-10）。逆に，財政政策は金利を通さずに直接需要を増加させ，さらに後述のような金利の変化による効果の減殺が小さくなるので有効です。また，期待インフレ率を上昇させることができれば，実質金利を下げて投資を刺激できます。

　投資の金利感応度が低い，つまり*IS*曲線が垂直に近い場合も金利の変化に対して投資があまり影響を受けないため金融政策の効果は小さくなり財政政策が有効です（図5-11）。

　これに対して財政政策は需要を直接変化させます。ただし，*LM*曲線の傾きが大きいほど金利が大きく変動します。財政支出の増加により金利が上昇すると民間投資を抑制するので財政政策の効果を減殺します。これをクラウディングアウトといいます（図5-12）。また，変動相場制の場合，金利上昇により自国通貨が高くなると輸出減・輸入増により財政政策の効果が減殺されます（マンデル=フレミング・モデル）。このとき，金利を上昇させないためには中央銀行の買いオペなどによる金融緩和を同時に行う必要があります。

　金融政策は中央銀行の判断で即座に実行できますが，金利などの

財市場と貨幣市場の均衡：*IS-LM*分析

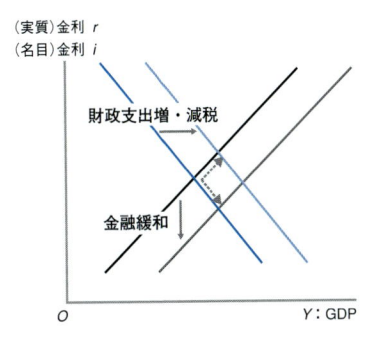

図 5-9　金融政策と財政政策

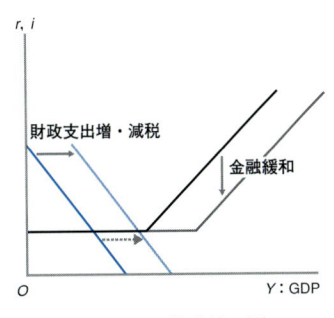

図 5-10　流動性の罠

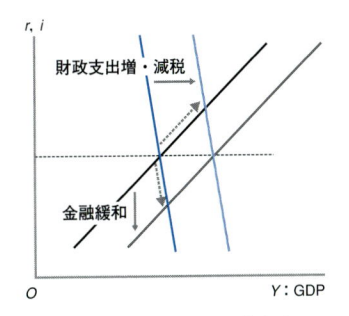

図 5-11　投資の金利感応度が低い場合

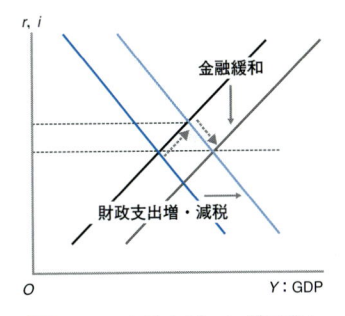

図 5-12　クラウディングアウトと金融緩和

波及経路を通して需要が変化するまでには財政政策より時間がかかります。一方，財政政策は実行されるまでの立法や行政の過程に時間がかかりますが，需要を直接変化させるので即効性があります。

■ 本章のまとめ

- GDPが増加すると取引のための貨幣需要も増加します。金利が上昇すると投機的動機による需要が減少します。また，貨幣保有の機会費用に注目した在庫理論にもとづけば，取引動機による需要も金利上昇によって減少します。
- GDPが増加すると取引動機による需要が増加し，貨幣市場における需給を均衡させる金利は上昇します。LM曲線は貨幣市場において，需給が均衡する（名目）金利とGDPの組合せを表します。金融緩和により貨幣量が増加すると，貨幣市場において需給が均衡する金利は低下し，LM曲線は下（右）にシフトします。逆に金融引締めの場合，LM曲線は上（左）にシフトします。貨幣需要が金利に影響を受けないと仮定するとLM曲線は垂直になります。流動性の罠の状態ではLM曲線は水平になります。
- 金利が低下すると企業は設備投資を増やすので，財市場において需要が増加し，乗数効果により最終的に乗数倍のGDPが増加します。IS曲線は，財市場において需給の均衡する（実質）金利とGDPの組合せを表しています。政府支出の増加や減税によって需要を増加させると右にシフトし，政府支出の減少や増税によって需要を減少させると左にシフトします。投資の金利感応度が高いほど，また限界消費性向が高いほど，IS曲線の傾きは緩やかになります。
- IS曲線とLM曲線の交点では財市場と貨幣市場が均衡し，この他に債券市場だけを考えた場合は，自動的に債券市場も均衡します。流動性の罠に陥っている場合，または投資の金利感応度が低い場合には，金融政策は効果が小さく財政政策は効果が大きくなります。財政政策によって金利が上昇した場合は，クラウディングアウトや自国通貨高による需要の減少が起こるので，金融政策を併用して金利を抑制する必要が生じます。

# 第6章
債券と金利

債券とは

債券は借入と同じく負債ですが，借入が金融機関との一対一の相対取引であるのに対して，多数の投資家から資金調達する方法です。債券を発行した機関（発行体）は返済の最終期日（償還日，満期日）までは定期的に利息を支払い，償還日に元本を返済（償還）します。ただし，償還せず，発行体が存続する限り利息を払い続ける永久債もあり，例としては英国コンソル公債が有名です。

債券は，発行体により国債，地方債，政府関係機関債，社債，外債などに分類できます（図6-1）。

国債は，発行体である国が徴税権と通貨発行権を持っているので，自国通貨建てであれば債務不履行に陥ることは考えられず，信用リスクがない安全資産とみなせます。流通量が多いため，取引が成立しやすく流動性があり，前述のようにマネーストックの広義流動性に含まれます。新規発行の10年物国債の利回りは長期金利の指標とされています（表6-1）。地方債は地方自治体が発行し，元利償還に必要な財源を国が保証しているため国債と同じく安全資産ですが，流通量が少なく流動性に欠けます。BIS規制の標準的な手法におけるリスクウエイトは国債と同じく0％です。政府関係機関債は公団，公社などが発行し，このうち政府保証がつくものが政府保証債，つかないものが財投機関債です。

社債（事業債）は事業会社が発行しているので信用リスクがあります。現在，社債はほとんどが無担保ですが，社債権者を保護するため，他の債務に担保をつける場合，同順位の担保を当該社債にも設定するという担保提供制限条項がつけられる場合もあります。

外債は外国政府・企業等が発行する債券です。外貨建ての場合は，円高により円換算した償還額が目減りするリスクがあります。

債券とは

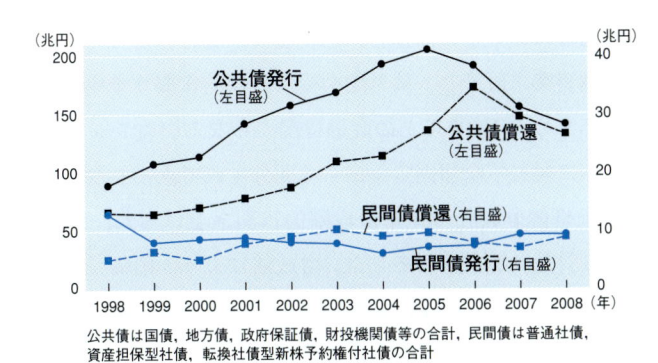

公共債は国債、地方債、政府保証債、財投機関債等の合計、民間債は普通社債、資産担保型社債、転換社債型新株予約権付社債の合計

図6-1 公社債の発行・償還の推移
(出所) 日本証券業協会の資料より著者作成

表6-1 国債の種類

	短期国債				中期国債		長期国債	超長期国債			
	国庫短期証券[*2] T-Bill (Treasury Discount Bills)										
償還期間	2カ月程度	3カ月	6カ月	1年	2年	5年	10年	15年変動	20年	30年	40年
利払い	割引債				固定利付債			変動利付債	固定利付債		
最低額面単位	1000万円				5万円			10万円	5万円		
発行頻度[*4]	随時	毎週	毎月					[*3]	毎月	隔月	年4回

	個人向け国債		物価連動国債
償還期間	5年	10年	10年
利払い	固定利付債	変動利付債	[*1]
最低額面単位	1万円		10万円
発行頻度	年4回		[*3]

[*1] 物価連動債はクーポンおよび元本が物価に応じて変動
[*2] 2009年2月より政府短期証券(FB；Financing Bills)と割引短期国債(TB；Treasury Bills)を統合
[*3] 市場の状況に応じて
[*4] 銘柄ごとに異なる需給を安定させ、長期金利の乱高下を防ぐための流動性供給入札は随時実施

🔵 債券の発行と流通

債券の発行においては，通常，引受会社が発行体からいったん買い取って投資家に販売し，残りを引受会社が引き取ります。長期国債は，1965年から1,000以上の金融機関からなる引受シンジケート団（シ団）に対して全額固定シェアで配分されてきました。金融機関による価格競争入札の比率が段階的に引き上げられ，2006年にシ団による引受は廃止されました。財政法により，国債（短期国債を除く）の日銀による引受は特別な事由がある場合を除いて禁じられていて，日銀は長期国債を市場から購入しています。短期国債は，1998年までは日銀引受が大部分でしたが，現在では原則として公募入札です。社債の場合，引受会社（証券会社等）あるいは複数の金融機関からなるシ団が引受け，投資家に販売します。

債券，株式などの有価証券を発行する際に投資家を募る方法には，不特定多数（50名以上）を対象とする**公募**（募集）と特定少数を対象とする**私募**があります。社債を公募で新規発行する場合，発行者および債券の情報を開示する義務があります（開示規制）。具体的にはEDINET（電子開示システム）等で公開するための有価証券届出書を提出し，投資家に交付するための目論見書を作成します。社債の保有者（社債権者）のために弁済の受領・債権の保全などを行う社債管理者（銀行・信託銀行など）の設置も必要です。

発行された債券は流通市場で売買されます。発行体が同じ債券でも，利率や満期などの発行条件が異なれば別の債券なので銘柄数はきわめて多くなります。さらに取引形態も多様で，1件あたりの取引金額も大きいので取引は債券ディーラー（証券会社，銀行）を相手とする店頭取引がほとんどです。一部の利付国債については取引所取引も行われています。

表6-2 国債の保有者内訳

	政府	中央銀行	金融機関	海外	家計	その他	計
日本(兆円) 2008年9月	90.2 (13.2%)	59.2 (8.7%)	427.2 (62.6%)	53.7 (7.9%)	35.8 (5.2%)	16.7 (2.4%)	682.9 (100%)
米国(10億ドル) 2008年9月	807.8 (14.0%)	476.6 (8.2%)	1,184.40 (20.5%)	2,912.90 (50.4%)	283.3 (4.9%)	112.6 (1.9%)	5,777.50 (100%)
英国(10億ポンド) 2008年6月	0.2 (0.0%)	1.6 (0.3%)	336.5 (64.3%)	179.3 (34.3%)	2.9 (0.6%)	2.9 (0.6%)	523.4 (100%)
ドイツ(10億ユーロ) 2008年6月	0.5 (0.0%)	4.4 (0.3%)	462.2 (29.7%)	795.2 (51.2%)		291.8 (18.8%)	1,554.20 (100%)
フランス(10億ユーロ) 2007年12月	31 (1.6%)	26.6 (1.4%)	1,189.50 (62.8%)	601 (31.8%)	39.7 (2.1%)	4.9 (0.3%)	1,892.80 (100%)

(出所) 財務省 "Japanese Government Bonds -RECENT DEBT MANAGEMENT POLICY INITIATIVES-"

コラム 私募債

私募債(縁故債)には,50名未満の投資家を対象とする少人数私募債と,適格機関投資家(50名以上でも可)が全額を引き受ける金融機関引受債(プロ私募)があります。少人数私募債は社債管理者への管理業務委託,有価証券届出書の提出などが免除されています。

コラム 劣後債

劣後債は,他の債務よりも債務弁済の順位が劣る債券です。返済に支障が生じたときには弁済が他の債務者よりも後回しにされ,回収額が小さくなりますが,その代わりに利息は高く設定されます。弁済の順位が劣るため,銀行の自己資本規制においては,補完的項目として自己資本に算入されます。永久債も償還がないため,自己資本に近い性質を持ちます。

現在価値と将来価値，割引率

債券の価値を考える上で重要な概念として，**現在価値**と**将来価値**という考え方があります。

現在の100万円と将来の100万円の価値は同じではありません。将来の100万円は現在の消費には使えないので将来まで待たなければなりません。また現在の100万円の消費と同じ水準の満足を将来の100万円から得られるかは不確実です。インフレになれば将来100万円で買える物は少なくなり，天災・疾病などで受取る側が消費できる状況にない場合もあります。さらに，将来の100万円の受取り自体が不確実な場合もあります。将来の100万円を現在の価値と比べるときは「待つこと」「不確実なこと」を勘案して割り引かなければなりません。

貸す側は，待つことおよびリスクを引き受けることの代償として利息を受け取ります。たとえば預金金利が5％のときは，1年後に100万円になる預金の現在価値は1＋0.05で割ることで求められます。このときの5％を**割引率**といいます。企業あるいは個人に貸している場合の割引率は信用リスクを考慮して高くなります。現在価値から将来価値を計算するときには1＋割引率を掛け，将来価値から現在価値を計算するときには1＋割引率で割ります。将来価値から現在価値を求めることを**割り引く**といいます（図6-2）。

債券からは利息と元本，株式からは配当というキャッシュフローが得られ，これらを現在価値に割り引くと債券や株式の理論上の価格が求められます（後述）。キャッシュフローの支払いにリスクがある場合の割引率は，国債などリスクがない場合の割引率（**安全資産金利**）にリスクを引き受ける代償としての上乗せ分（**リスクプレミアム**）を加えたものです。

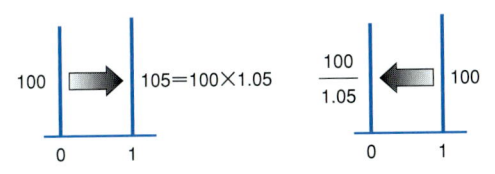

図6-2 現在価値と将来価値（割引率5％の場合）

コラム　金利・割引率の表記

金利は通常，1年あたりの金利（年利）で表記されます。たとえば，100円を金利3％で5年間運用すると$100 \times (1+0.03)^5$円となります。割引率も同様に，期間の異なる割引率を比較するため1年あたりの数値にして表記します。たとえば5年後の100円を割引率3％で現時点に割り引くと$100 \div (1+0.03)^5$円となります。

コラム　手形の割引

手形は，期日には額面の金額を受け取ることができますが，期日前に金融機関に持ち込めば現金化することもできます。これを，「手形を割り引く」といいます。このときに受け取る金額は，満期まで待って受け取る額面よりも小さくなります。この差額は金利に手形の信用リスクに応じた上乗せをした金額です。手形には，満期までに発行した企業が倒産する，あるいは満期時に企業の当座預金口座に十分な資金がないなどの可能性があり，この信用リスクに対するリスクプレミアムが安全資産金利に上乗せされます。

利付債と割引債

利付債は定期的に利子が支払われ，満期時に元本が償還されます（図6-3）。1年間の利子（クーポン）が額面金額の何%であるかを表面利率（利率，クーポンレート）と呼びます。無券面（ペーパーレス）化する前は券面に利札（クーポン）がついていました。債券価格は100円の元本に対する価格で表示されます。たとえば価格が104円の債券を買った場合，償還される元本は100円なので満期に4円の償還差損が生じ，逆に100円以下で買った場合は償還差益が生じます。固定利付債は利率が固定されていて，大半は年2回の利払いです。一方，変動利付債は利払い日前の金利水準を基準に利率を決めます。

割引債（ゼロクーポン債）は利払いがなく，金利分を割り引く形で販売されます。たとえば割引債が97円であれば，償還差益の3円が利息に相当します。利付債は割引債を使って複製できます。利払いごとにその時点に満期を迎える割引債を一つ対応させることで利付債と同じキャッシュフローを得る割引債の組合せが得られます。

償還差損益を満期までの残存年数で割って1年あたりに直してクーポンに加えたものが年間収益です。この年間収益を買付価格で割って投資元本に対する年利回りとしたものが単利最終利回りです。

$$単利最終利回り = \frac{クーポン + \dfrac{額面 - 買付価格}{残存年数}}{買付価格} \times 100 \ (\%)$$

中途売却した場合の所有期間利回りは額面の代わりに売却価格，残存期間の代わりに所有期間を用いて求めます。債券価格が上昇すると分母が大きくなるので，利回りは低下します。単利利回りの計算では何年目に受け取るクーポンも同等に足し算しているので，利息を再投資することは考慮されていません。

(a) 利付債

図中: クーポン C円 C円 C円 …… C円 C円, 元本=100円, 0, M=満期, 買付価格

(b) 割引債

図中: 元本=100円, 0, M=満期, 買付価格

図6-3 利付債と割引債

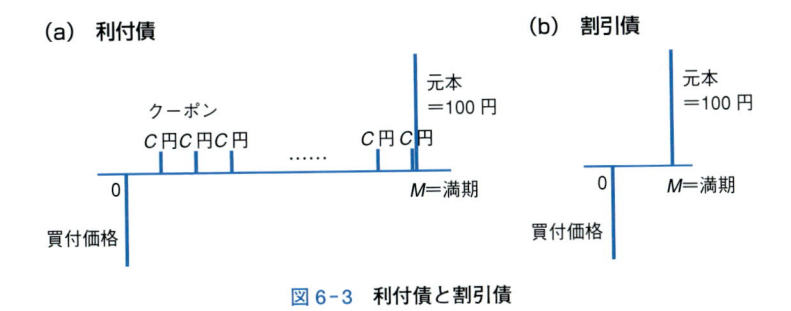

コラム　経過利子

利付債を満期より前に途中売却した場合，前回利払い日の翌日から売買の受渡日までの利息は，売却側（売り方）の所有期間に発生した利息ですが，受渡し後の利払い日に購入側（買い方）が受け取ってしまいます。そのため，売り方，買い方それぞれの所有期間に応じて利息を按分計算し，売り方の受け取るべき利息を買い方から売り方に支払います。これを**経過利子**と呼び，売買時に受け払いされます。

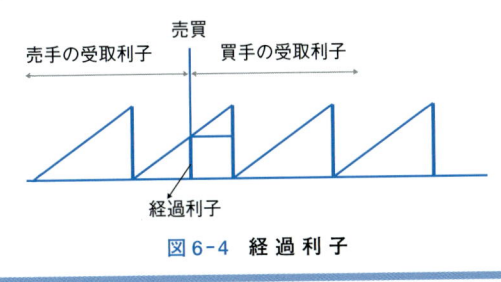

図中: 売手の受取利子　売買　買手の受取利子　経過利子

図6-4　経過利子

複利利回りと債券の理論価格

割引債は満期まで利払いがないので，元本を現在価値に割り引くと理論上の価格が求められます。満期までの残存期間がM年の割引債の**理論価格**Pは割引率をrとすると$P=\dfrac{100}{(1+r)^M}$です。この式のPに現実に取引されている価格を代入して逆算した割引率が割引債の**複利利回り**（**スポットレート**）です。$P=\dfrac{100}{(1+r)^M}$を変形して$r=\left(\dfrac{100}{P}\right)^{\frac{1}{M}}-1$で求められます。

利付債の場合は元本の割引現在価値だけでなく，満期までに支払われたクーポンもそれぞれ割り引いて加えます。クーポンがC，満期までの残存期間がM年，利払いが年1回の固定利付債の場合，現時点から1年後までの割引率をr_1，2年後までの割引率をr_2，…，i年後までの割引率をr_iとすると，

$$P=\frac{C}{1+r_1}+\frac{C}{(1+r_2)^2}+\frac{C}{(1+r_3)^3}+\cdots+\frac{C}{(1+r_{M-1})^{M-1}}+\frac{C+100}{(1+r_M)^M} \quad (6.1)$$

です（図6-5）。ここで現時点からi年後までの割引率r_iは満期がi年後の割引債から求められるスポットレートです。式（6.1）ではPに現実に取引されている価格を代入してもr_1, r_2, …, r_MというM個の未知数があり，逆算できません。ここで$r=r_1=r_2=\cdots=r_M$，つまりスポットレートが満期まで変わらないと仮定すると，

$$P=\frac{C}{1+r}+\frac{C}{(1+r)^2}+\frac{C}{(1+r)^3}+\cdots+\frac{C}{(1+r)^{M-1}}+\frac{C+100}{(1+r)^M} \quad (6.2)$$

のように未知数がrだけになり，逆算できます。この式（6.2）から求めたrを，利付債の複利利回りと呼びます（コラム参照）。

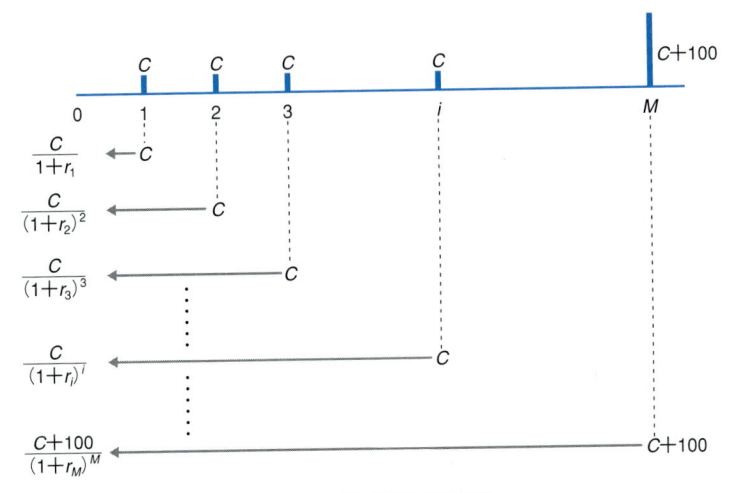

図 6-5 利付債の理論価格

コラム　利付債の複利利回り

式 (6.2) の両辺に $(1+r)^M$ をかけると，

$$P(1+r)^M = C(1+r)^{M-1} + C(1+r)^{M-2} + \cdots + C(1+r) + C + 100$$

となります。この式の右辺第1項 $C(1+r)^{M-1}$ は，1年目に受け取ったクーポンを残りの $M-1$ 年複利で運用した結果です。第2項以降も各年のクーポンを複利で満期まで運用した結果になっています。つまり，債券を買って受け取るクーポンを満期まで金利 r で再投資した場合，投資元本（買付価格）P を M 年間，金利 r で複利運用した結果に等しくなるということです。

金利の期間構造

金融商品の利回りを満期までの期間（残存期間）の関数として描いた曲線を，**利回り曲線（イールドカーブ）** といいます。債券の場合には，利付債の複利利回りを用いる場合と割引債の複利利回り（スポットレート）を用いる場合があります。残存期間の長い国債の利回りは長期金利，残存期間の短い国債の利回りは短期金利を表します。

（純粋）期待仮説 によれば，長期金利は将来の予想される短期金利の平均値となります。ここでは，信用リスクや手数料などの取引コストは考慮していません。現時点から2年後までの金利（スポットレート）を r_{02}，1年後までの金利を r_{01} とします（図6-6）。1年後から2年後までの期間の金利を r_{12}，現時点での予想値（期待値）を $E(r_{12})$ とすると，現時点から2年間を金利 r_{02} で運用したほうが現時点から1年間を金利 r_{01}，1年後から2年後までを金利 $E(r_{12})$ で運用するよりも有利であれば，残存期間2年の債券の価格が上がって r_{02} が低下，残存期間1年の債券は価格が下落，r_{01} が上昇します。短期金利の運用のほうが有利な場合は逆の動きが起こります。この一種の裁定取引の結果，

$$(1+r_{02})^2 = (1+r_{01})(1+E(r_{12})) \tag{6.3}$$

となります。同様に残存期間 M 年のスポットレートについては

$$(1+r_{0M})^M = (1+r_{01})(1+E(r_{12}))\cdots(1+E(r_{M-1,M})) \tag{6.4}$$

となり，コラムのように r_{0M} は短期金利の期待値を平均したもので近似できます。

金利の期間構造

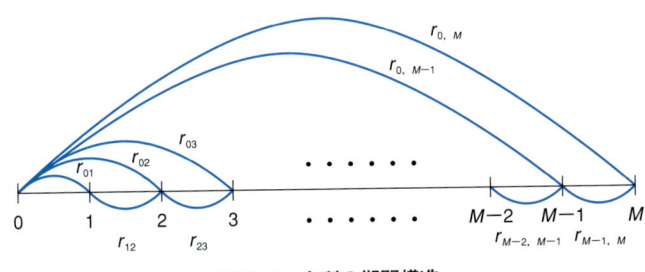

図 6-6　金利の期間構造

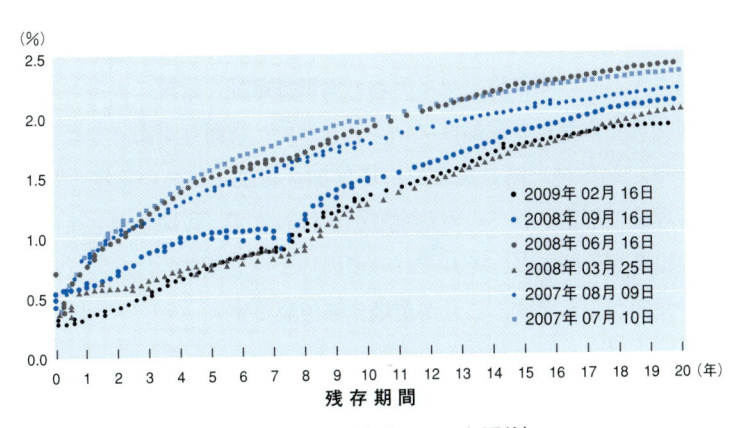

図 6-7　利回り曲線（10〜20 年国債）

（出所）財務省 "Japanese Government Bonds
－ RECENT DEBT MANAGEMENT POLICY INITIATIVES －"

$$r_{0M} \fallingdotseq \frac{r_{01} + E(r_{12}) + \cdots + E(r_{M-1,\ M})}{M}$$

　多くの投資家が将来，短期金利が上昇すると予想している，つまり短期金利の期待値が将来のものほど高いとき，期待仮説が正しければ長期の金利ほど遠い将来の短期金利の期待値を含む平均なので，残存期間が長いほど利回りが高く，利回り曲線は右上がり（順イールド）になります。逆に多くの投資家が将来，金利が下落すると予想すれば利回り曲線は右下がり（逆イールド）になります（図6-8）。

　現実には順イールドの状態が多く見られることは，期待理論だけでは説明できません。残存期間が長い債券は満期前に売却する可能性も高く，そのときの売却価格は不確定です。債券の流動性が低いほど，流動性リスクに対して投資家が要求するプレミアムは大きくなります。この流動性プレミアム（流動性選好）仮説によると残存期間が長い債券ほど流動性プレミアムの分，利回りが高くなります。

　また，手数料が高い場合や市場参加が制限されている場合には，期待理論で想定されている裁定取引が行われず，短期金利と長期金利の市場が分断され，それぞれの要因によって独立的に利回りが決まる傾向が生じます。これが市場分断仮説です。

🔵 デュレーション（債券投資の実質平均回収期間）

　債券投資から生じるキャッシュフローを現在価値でみたとき，その平均回収期間をデュレーション（duration）といいます。割引債の場合，キャッシュフローは満期時点にすべて支払われるため平均回収期間は満期までの期間と一致します。一方，利付債は満期以前に利払いがあります。簡単のため利払いを年1回とすると，それぞ

デュレーション(債券投資の実質平均回収期間)　101

コラム　金利の計算

式 (6.4)

$$(1 + r_{0M})^M = (1 + r_{01})(1 + E(r_{12})) \cdots (1 + E(r_{M-1, M}))$$

の両辺の対数を取ると,

$$M \log(1 + r_{0M}) = \log(1 + r_{01}) + \log(1 + E(r_{12})) + \cdots + \log(1 + E(r_{M-1, M}))$$

となり,ここで r が0に近いときに成り立つ近似式 $\log(1+r) \fallingdotseq r$ (この式は $1 + r \fallingdotseq e^r$ を変形して導かれます)を用いると,以下のように近似できます。

$$M r_{0M} \fallingdotseq r_{01} + E(r_{12}) + \cdots + E(r_{M-1, M})$$

$$r_{0M} \fallingdotseq \frac{r_{01} + E(r_{12}) + \cdots + E(r_{M-1, M})}{M}$$

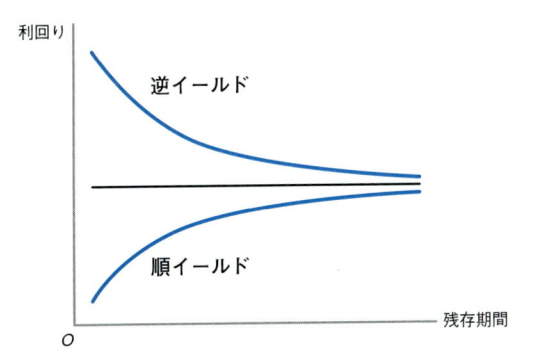

図6-8　利回り曲線(イールドカーブ)

れのキャッシュフローの支払い時点を加重平均した，

$$D = 1 \times \frac{\frac{C}{1+r}}{P} + 2 \times \frac{\frac{C}{(1+r)^2}}{P} + \cdots + (M-1) \times \frac{\frac{C}{(1+r)^{M-1}}}{P} + M \times \frac{\frac{C+100}{(1+r)^M}}{P}$$

が（マコーレーの）デュレーションです（図6-9）。各i年後のキャッシュフローの現在価値が全キャッシュフローの現在価値，つまり債券の理論価格Pに占める割合をウエイト（加重）にしています。

満期までの期間が長い債券ほど金利上昇時の価格下落は大きくなります。デュレーションは金利が上昇したときの債券価格の下落の大きさを表しています（コラム参照）。

🔵 格付けとリスクプレミアム

債券は発行体や発行条件によって償還の確実性が異なります。信用リスクの大きい債券は，その分価格を下げて利回りを高くしないと売れません。一方，もっとも信用リスクの小さい債券は国債です。10年物長期国債の利回りが日本の長期金利の指標となっています。

社債の利回りは一般に国債の利回りを上回り，この利回り格差（スプレッド）がリスクを引き受ける代償として投資家に与えられるリスクプレミアムです。

企業が社債を発行する際には格付け機関から信用リスクに関する格付けを取得します（表6-3参照）。格付けが高く，信用リスクが小さい債券ほど，要求されるスプレッドが小さく，利回りは低くなります。信用リスクが大きくなると，債券価格が下落することで，利回りが上昇し，スプレッドはリスクに見合う大きさに拡大します（図6-10）。一般にBBB以上が投資適格とされ，BB以下はハイイールド債（ジャンク債）と呼ばれます。わが国ではジャンク債の公

図6-9 デュレーション

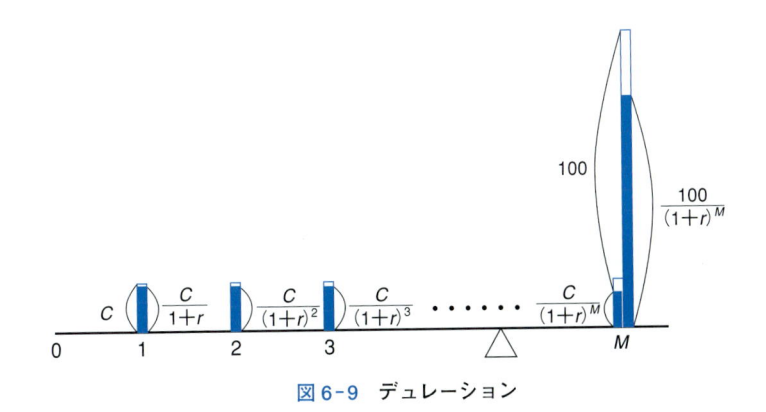

コラム　デュレーションと金利感応度

利付債の複利利回りを求める (6.2) 式（つまり債券の理論価格の式），

$$P = \frac{C}{1+r} + \frac{C}{(1+r)^2} + \cdots + \frac{C}{(1+r)^{M-1}} + \frac{C+100}{(1+r)^M}$$

を r で微分すると，

$$\frac{dP}{dr} = -\frac{C}{(1+r)^2} - 2\frac{C}{(1+r)^3} - \cdots - (M-1)\frac{C}{(1+r)^M} - M\frac{C+100}{(1+r)^{M+1}}$$

$$= -\frac{1}{1+r}\left(\frac{C}{1+r} + 2\frac{C}{(1+r)^2} + \cdots + (M-1)\frac{C}{(1+r)^{M-1}} + M\frac{C+100}{(1+r)^M}\right)$$

となります。ここで両辺に $\frac{1}{P}$ を掛けると，

$$\frac{dP}{P}\frac{1}{dr} = -\frac{1}{1+r}\left(\frac{\frac{C}{1+r}}{P} + 2 \times \frac{\frac{C}{(1+r)^2}}{P} + \cdots + (M-1) \times \frac{\frac{C}{(1+r)^{M-1}}}{P} + M \times \frac{\frac{C+100}{(1+r)^M}}{P}\right)$$

となり，右辺にデュレーション D の定義を用いると，

$$\frac{dP}{P} = -\frac{D}{1+r}dr$$

という関係が得られます。ここで dP は P の変化量なので，$\frac{dP}{P}$ は P の変化率です。つまり上の式から金利が dr 変化したとき，債券価格 P の変化率は $-\frac{D}{1+r}dr$ となります。この $\frac{D}{1+r}$ を修正デュレーションと呼びます。

募発行は事実上困難です。

　信用リスクの他に流動性の違いによっても利回り格差が生じます。地方債の信用リスクは国債と同じですが，流動性が低いため流動性プレミアムの分，国債よりも利回りが高くなります。

　借入で資金調達した企業は借入期間中に金融機関から直接モニタリングを受けますが，社債の保有者（社債権者）は直接経営を規律付けることは困難で，社債権者と市場参加者は公開情報をもとに取引を行います。

　社債権者は株主や経営者と利害が必ずしも一致せず，経営者との間には情報の非対称性があります。（第9章負債のエージェンシーコストを参照）。資金調達後に事業リスクを大きくすると，株主は増益の場合に配当増や株価上昇の恩恵を受けます。しかし社債権者にとっては，信用リスクが高まるだけなので社債価格は下落します。長期の債券ほどこのような事態（エージェンシー問題）が起こる可能性が高いので利回り格差が大きくなります。

表6-3 格付け記号の意味（長期個別債務格付け）

AAA	信用力はもっとも高く，多くの優れた要素がある。
AA	信用力はきわめて高く，優れた要素がある。
A	信用力は高く，部分的に優れた要素がある。
BBB	信用力は十分であるが，将来環境が大きく変化する場合，注意すべき要素がある。
BB	信用力は当面問題ないが，将来環境が変化する場合，十分注意すべき要素がある。
B	信用力に問題があり，絶えず注意すべき要素がある。
CCC	債務不履行に陥っているか，またはその懸念が強い。債務不履行に陥った債権は回収が十分には見込めない可能性がある。
CC	債務不履行に陥っているか，またはその懸念がきわめて強い。債務不履行に陥った債権は回収がある程度しか見込めない。
C	債務不履行に陥っており，債権の回収もほとんど見込めない。

（出所） 格付投資情報センター（R&I）ウェブページ

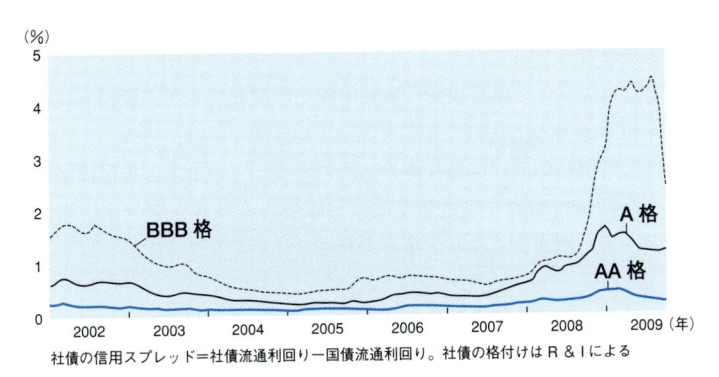

社債の信用スプレッド＝社債流通利回り－国債流通利回り。社債の格付けはR&Iによる

図6-10 社債の信用スプレッド（5年物）
（出所） 日本銀行「経済・物価情勢の展望（2009年11月）」

■ 本章のまとめ

- 債券は負債による資金調達で，借入が間接金融であるのに対し，債券は直接金融です。債券の発行には公募と私募があります。債券の流通市場は店頭取引がほとんどです。
- 国債は信用リスクがない安全資産として扱われます。金利（割引率）は待つ代償としての安全資産金利，およびリスクを引き受ける代償としてのリスクプレミアムに分けられます。
- 債券から生じる利息元本のキャッシュフローを現在価値に割り引いて合計したものが債券の理論価格です。

  割引債の理論価格を求める式に実際に市場で成立した債券価格を代入して逆算した割引率が割引債の複利利回り（スポットレート）です。

  利付債の理論価格を求める式で，割引率（スポットレート）が満期まで一定と仮定して実際の債券価格を代入して逆算した割引率が利付債の複利利回りです。
- 金利の期間構造（利回り曲線）に関する主な理論には，長期金利が短期金利の予想値の平均となるという（純粋）期待仮説，長期債には流動性プレミアムが要求されるという流動性プレミアム仮説，長期と短期では市場が分断され，裁定取引が行われないという市場分断仮説があります。
- デュレーションは債券投資の実質平均回収期間ですが，金利上昇に対する債券価格の下落の大きさを表しています。
- 格付けは債券あるいは発行体の信用力を表しています。格付けが低いほど，国債の利回りに上乗せして要求されるリスクプレミアム（スプレッド）が大きくなり，債券の利回りは高くなります。

第7章
株　　式

株式会社の仕組みと株主の権利

　企業がその設立や経営のために資金を調達する方法は，自分たちで元手を出す資本による調達と他人から借りる負債による調達に分けられます。株式会社の場合，経営者以外の多くの出資者からも元手を集めます（表7-1）。

　出資者である株主の権利（**株主権**）は，個々の株主の利益のみにかかわる**自益権**とその行使が株主全体にかかわる**共益権**（経営参加権）に分けられます。自益権の主なものは配当を受け取る権利（**配当請求権**）と会社を清算するとき資産を処分して債務を返済し，なお残りがあれば分配を受ける権利（**残余財産分配請求権**）です。

　売上げから取引先，従業員，債権者，国などに財・サービスの代金，賃金，利息，税金などを支払った後の残余は，**配当と内部留保**に分けられます。内部留保も将来の配当の原資となるか，設備投資に使われて将来の収益となるので，残余は配当請求権と残余財産分配請求権を持つ株主に帰属します（図7-1）。

　株主は企業の収益から，あらかじめ決められた支払いを差し引いた残余を処分できる**残余権者**なので，この収益の源である企業を「所有している」といえます。株主は企業の所有者として企業に対する**支配権**（経営参加権）を持ちます。支配権の行使は，株主総会における議決権行使などの形で行われます（表7-2, 表7-3参照）。ただし，企業が負債に対する支払いができなくなると企業は倒産し，支配権は債権者に移行します。

　企業が倒産したとき，資産を処分しても債務を一部しか返済できない場合でも株主が不足分を債権者に支払う必要はなく，株主の損失は保有株式の価値がゼロになるだけです。このように株主が出資金額を限度とする責任を負うことを**有限責任**といいます。

表 7-1 会社の種類

	持分会社			株式会社	
	合名会社	合資会社	合同会社 (LLC)	特例有限会社[*]	
出資者	無限責任社員	無限責任社員 有限責任社員	有限責任社員	有限責任	
出資者と経営者	一致			分離	
会社数	1.8万社	8.5万社	1.4万社	183万社	139.4万社

[*] 会社法以前の有限会社

(2008年10月現在)

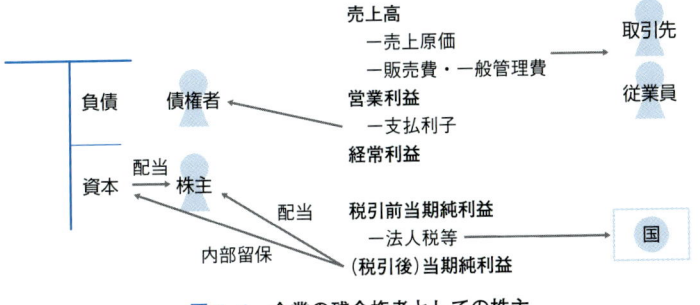

図 7-1 企業の残余権者としての株主

コラム　単元と株主権

株主総会における議決権行使,および証券取引所における取引には一定数の株式が必要となり,これを**単元**と呼びます。単元株式数は1,000株以下であれば発行企業が自由に決定できます。株主総会では計算書類(貸借対照表,損益計算書,株主資本等変動計算書)の承認や取締役・監査役などの会社役員の選任を行いますが,株主には1単元につき1個の議決権が与えられます。1株あるいは1単元の株主に対して与えられる**単独株主権**に加えて,株式数あるいは発行済株式数に占める割合に応じて与えられる権利を**少数株主権**といいます(**表7-3**参照)。

株式の種類とその発行形態

株式の種類には通常の**普通株式**以外に**表7-4**のような種類株式があります。株式の全部あるいは一部について譲渡制限を設けていない会社が公開会社です。これに対して全株式について譲渡に会社の許可が必要な会社が非公開会社（譲渡制限会社）です。旧有限会社はこれにあたり，取締役会を設置しなくてもよいなど中小企業の実態に即した規定が設けられています。公開会社は議決権制限株式を発行済株式数の半分以下にする必要があります。株式を証券取引所に上場するには，すべての株式について譲渡制限のない公開会社にする必要があります。

優先株は配当や残余財産の分配において普通株式より優先されます。通常，議決権がない議決権制限株式です。優先株の多くは株主の希望で一定の条件の下で普通株に転換できる転換権があります。

一方，**劣後株**（**後配株**）は配当や残余財産分配への参加順位が普通株式より後位にある株式で，普通株式の株主の利益を損なわずに資金調達できます。

企業が新株を追加発行して資金調達することを**有償増資**といいます。これに対して払い込みのない新株発行を**無償増資**（**株式分割**）といいます。株式は負債と異なり，発行する場合には既存株主との利害調整が必要となります。株主以外の者にとくに有利な価格で新株を発行する場合は，株主総会の特別決議が必要です（**表7-2**）。

有償増資は対象となる投資家によって，**株主割当**，**公募**，**第三者割当**に分けられます。株主割当では既存株主に持株比率に応じて新株の引受権を与えます。そのため既存株主は引受権を行使して払い込みを行えば持株比率が低下しません。しかし，既存株主だけから資金を調達するのには限界があります。

表7-2 株式総会の決議

	定足数	決議要件	決議内容
普通決議	議決権総数の過半数の出席 定款により軽減可能	出席株主の議決権の過半数による決議	役員報酬の決定，剰余金の配当など
特殊普通決議	議決権総数の過半数の出席 定款により3分の1まで軽減可能	出席株主の議決権の過半数による決議	役員（取締役・会計参与・監査役）の選任・解任
特別決議	議決権総数の過半数の出席 定款により3分の1まで軽減可能	出席株主の議決権の3分の2以上による決議	合併，株式交換，営業譲渡，定款変更など

他に特殊決議がある

表7-3 持株比率と株主の権利（少数株主権）

1％以上あるいは議決権300個以上（6カ月間保有）	議案提案権
3％以上（6カ月保有）	総会招集請求権，帳簿閲覧権，役員の解任を請求
（5％超）	（大量保有報告義務）
10％以上	会社解散請求権

表7-4 主な種類株式

剰余金の配当	優先株，劣後株
残余財産の分配	優先株，劣後株
株主総会における議決権	議決権制限株式
譲渡制限	譲渡制限株式
株主が株式の取得を会社へ請求できる	取得請求権付株式
一定の事由が生じたとき会社が株式を取得できる	取得条項付株式
総会の決議で会社が株式を全部取得できる	全部取得条項付株式
定款に当該の種類株主総会の承認を必要とする旨定める	株主の拒否権付株式，黄金株

公募増資の場合，広く一般から新株引受人を募集し，応募者の中から株式を割り当てる者を決定します。既存株主の持株比率は低下し，株主の権利は希薄化します。株主以外の者にとくに有利な価格で新株を発行する場合は株主総会の特別決議が必要ですが，この「とくに有利な」は時価を基準としています。通常，公募価格は時価をわずかに下回る価格に決められます。

第三者割当増資では株主以外の第三者に対して，または株主に対して持株比率に関係なく，**新株引受権**を与えます。ここで株主以外とは取引先，関係金融機関，従業員などです。これにより既存株主の持株比率が低下し，株式は希薄化します。企業同士の関係強化，企業の再建支援，未上場企業の資金調達の際には第三者割当増資がしばしば用いられます。

払い込みなしの増資により株式数を増やすことが**株式分割**です。たとえば一対一の株式分割であれば発行済の全株式について1株を2株に分割するので発行済株式数が倍になり，各株主の保有株数も倍になります。各株主の持株比率は変化しないので，この例では株価は理論上，半値になります。最低投資金額（株価×単元株式数）が下がるので，株式市場における流動性が高まります。最低投資金額は単元株式数を小さくすることでも引き下げられます。

新株予約権は，株式をあらかじめ決められた価格（行使価格）で購入する権利で，コールオプションの一種です（第10章参照）。株価が行使価格を上回っているときに権利行使して株式を行使価格で購入し，直ちに市場で売却すれば株価と行使価格の差額が得られます。行使された時点で発行済株式数が増加し，1株あたりの価値が希薄化します。新株予約権を無償で役員・従業員に与える場合が**ストックオプション**です（p.187 コラム参照）。業績を改善させて株

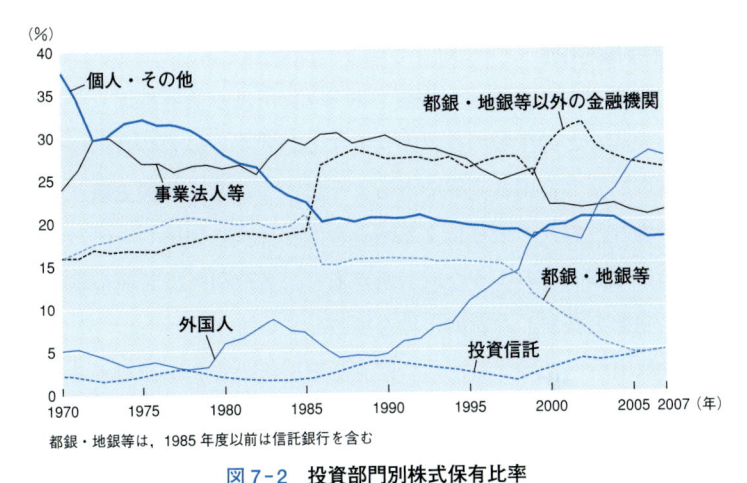

図 7-2　投資部門別株式保有比率
(出所)　東京証券取引所「平成 19 年度株式分布状況調査の調査結果について」

コラム　新株予約権付社債

　新株予約権を有償で与える場合は，資金調達手段になります。一定の価格で株式を取得する権利がつけられた社債が**新株予約権付社債**です。このうち，**転換社債型新株予約権付社債（転換社債）**は予約権（転換権）を行使すると社債は全額償還され，その償還を払い込みとして転換価格によって株式に転換されますが，満期まで転換権を行使しなければ社債として元本が償還されます。転換権が付与された分，普通社債の場合よりもクーポンは安くなります。株式に対するコールオプションの買い（第10章 p.186 参照）と社債の組合せです。権利行使後も社債部分が消滅しないものを，**ワラント債**といいます。

価を上昇させることが自らの利益に直結することからインセンティブとして用いられます。

証券取引所

すでに発行された株式が売買される2次市場が**流通市場**です。創業者と親族などの少数の株主が保有する株式を不特定多数の投資家が証券取引所で自由に売買できるようにすることを**新規上場**といい，多くの場合，株式の公募による増資や既存株式の売出しを伴います。わが国には**表7-5**のような取引所があり，各取引所は新興企業向けに上場基準を緩和した新興市場を開設しています。

証券取引所へ上場するためには証券取引所の審査を通過する必要があります。審査基準には**表7-6**のような形式基準と実質基準があります。株式を公開することによって株式市場における資金調達が可能になるだけでなく，知名度や社会的信用が向上して営業上も好影響があり，優秀な人材の確保にもつながります。また創業者は保有株式の売出しにより創業者利益を得ることができます。

その反面，敵対的買収の危険にさらされ，情報公開・内部管理体制の整備などの費用がかかります。上場企業を非公開化する場合には，経営陣やファンドによる買収，あるいは上場している子会社を親会社が完全子会社化するための買収などがあります。

取引所市場では，価格優先の原則と時間優先の原則によって売買契約が締結されます。売買注文には銘柄と数量のみを指定する**成行**注文と，さらに価格も指定する**指値**注文があります。成行注文は指値注文より優先され，指値の中では売り注文は値段の安いものから，買い注文は値段の高いものから優先して売買が成立します（**価格優先**の原則）。一方，同じ値段の注文に対しては，先に出された注文

表7-5 各証券取引所の上場企業数（2009年8月末現在）

	東京	大阪	名古屋	福岡	札幌	JASDAQ
一部	1704	598(30)	230(8)	125(29)	69(12)	896
二部	455	225(174)	110(74)			
新興	マザーズ 187	ヘラクレス 154(151)	セントレックス 28(28)	Q-Board 10(10)	アンビシャス 10(10)	NEO 5(5)
計	2346	977(355)	368(110)	135(39)	79(22)	901

（ ）内は単独上場会社数を示す

（出所）各証券取引所ウェブサイトの公表数より著者作成

表7-6 上場審査基準（概略）

形式基準		東証一部	東証二部	マザーズ	JASDAQ
上場時	流通株式数	2万単位以上	4,000単位以上	2,000単位以上	―
	流通株式時価総額	―	10億円以上	5億円以上	―
	流通株式比率	35％以上	30％以上	25％以上	―
	株主数	2,200人以上	800人以上	300人以上	300人以上
	時価総額	500億円以上	20億円以上	10億円以上	10億円以上
事業継続年数		3年以上	3年以上	―	―
純資産の額		10億円以上	10億円以上	―	2億円以上
利益・時価総額		＊1	＊1	―	＊2
その他		―	―	高い成長性	―

＊1 以下の（a）～（c）のいずれかを満たす。（a）最近2年間において最初の1年間1億円以上、最近の1年間4億円以上、（b）最近の3年間において最初の1年間1億円以上、最近の1年間4億円以上、最近の3年間の総額6億円以上。（c）時価総額が1,000億以上
＊2 当期純利益が正、または経常利益が5億円以上

実質基準（適格要件；東証）
- 企業の継続性および収益性
- 企業経営の健全性
- 企業のコーポレートガバナンスおよび内部管理体制の有効性
- 企業内容等の開示の適切性
- その他公益または投資者保護の観点から東証が必要と認める事項

（出所）東京証券取引所，JASDAQウェブサイトより著者作成

のほうが優先されます（**時間優先**の原則）。公正な価格形成を図るために取引を証券取引所のみで行うことを義務づけていた**取引所集中義務**は1998年に撤廃され，**取引所外取引**（**市場外取引**）も公認されました。

株価指数

株価指数には**時価総額指数**と**単純平均指数**（**ダウ式修正平均**）の2種類があります。

時価総額指数は採用銘柄の時価総額を合計して指数化したものです。わが国の代表的な時価総額指数である**TOPIX**（Tokyo Stock Price Index；**東証株価指数**）は，東京証券取引所（東証）第一部に上場している全銘柄の時価総額から基準時を1968年1月4日として，

TOPIX＝算出時の時価総額(円)÷基準時の時価総額(円)×100

によって算出されます（図7-3）。増資や上場銘柄の増減といった株価変動以外の要因で時価総額が変動した場合，これにより指数が変動しないように基準時価総額を修正します。上場企業同士の株式の持ち合い，親会社と子会社の同時上場においては時価総額が二重に計上されています。これらの固定株については時価総額から除外して計算する浮動株基準への移行が90年代後半以降世界的に進み，東証でも2006年までに上場株式数基準から浮動株基準へ移行しました。

わが国の代表的な単純平均指数である**日経平均株価**（日経225）は，東証第一部から選定された市場流動性が高い（売買代金が大きく，売買高あたりの価格変動率が低い）225銘柄の平均です。ただし，わが国の株価は100円台から100万円台まで分布しているので，

株 価 指 数　　　　　　　　　　　　　　117

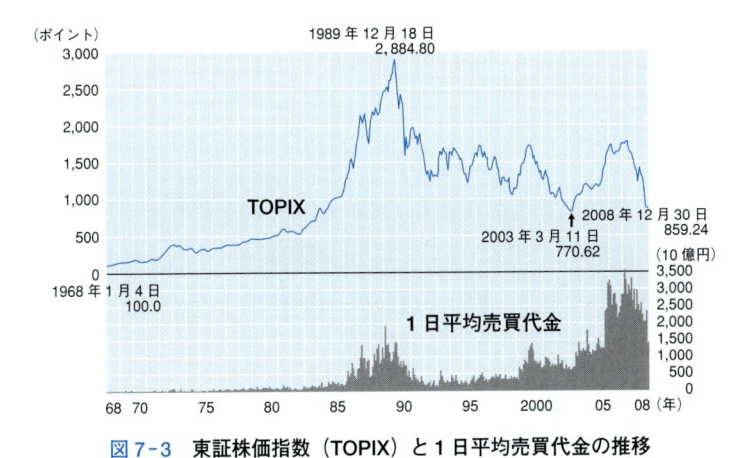

図7-3　東証株価指数（TOPIX）と1日平均売買代金の推移

（出所）　東京証券取引所ウェブページ内「History of TOPIX」（2009年11月現在）
http://www.tse.or.jp/market/topix/history/index.html

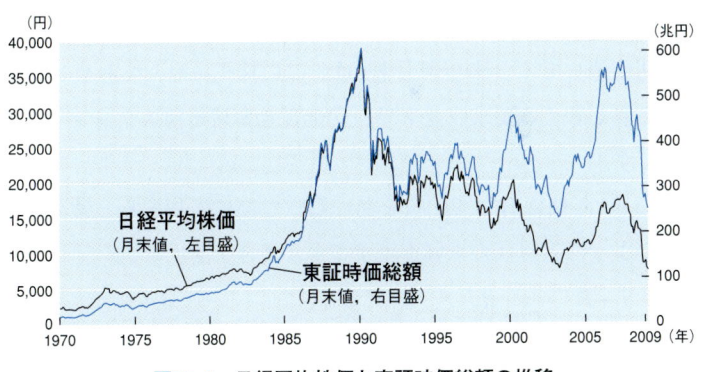

図7-4　日経平均株価と東証時価総額の推移

銘柄ごとに見なし額面を決め，株価を50円額面に換算して桁を揃えてから合計します（たとえば見なし額面が5万円の株式の株価が60万円であれば，60万÷5万×50＝600円とします）。これを除数で割り，

　日経平均株価＝額面換算した採用銘柄株価の合計÷除数

のように指数が算出されます（図7-4）。平均を計算する手順から考えると除数は銘柄数のはずですが，採用銘柄の入替あるいは株式分割が行われたときに新旧の指数が不連続にならないように除数は変更されてきました（コラム参照）。

🌐 株式の理論価格，配当割引モデル

　ある株式の配当を1年後に受け取って，その直後に売却する場合，現時点の株価P_0は1年後の配当d_1と株価P_1を現在価値に割り引いて求められます。

　ここで配当金d_1と1年後の株価P_1は現時点では不確実なので予想値（期待値）です。また割引率ρは，この株式に対して投資家が最低限必要と考える要求収益率で，安全資産金利とリスクプレミアムの和です。

　以降も1年間保有して配当を受け取った後に売却すると考えると，以下のように各時点の株価を表すことができます。

$$P_0 = \frac{d_1+P_1}{1+\rho},\ P_1 = \frac{d_2+P_2}{1+\rho},\ P_2 = \frac{d_3+P_3}{1+\rho},\ \cdots,\ P_i = \frac{d_i+P_i}{1+\rho},\ \cdots$$

　1番目の式のP_1に2番目の式，2番目の式のP_2に3番目の式というように，それぞれ左隣の式のP_iに代入していくと

コラム　日経平均2000年の銘柄入替

単純平均指数では，銘柄入替の際に除外銘柄と新採用銘柄の株価の差が大きいほど除数が大きく変化します。日経平均は，2000年4月21日に225銘柄中30銘柄を入れ替えました。この日の旧225銘柄の株価合計は188,252円，新225銘柄の株価合計は約2倍の371,277円でした。新銘柄の株価合計を新除数で割った値を旧銘柄から計算した株価指数に一致させるため，以下の式により，新除数は旧除数10.180の約2倍の20.341となりました。2009年11月現在の除数は24.656です。

$$\frac{旧採用銘柄の株価合計}{旧除数} = \frac{新採用銘柄の株価合計}{新除数}$$

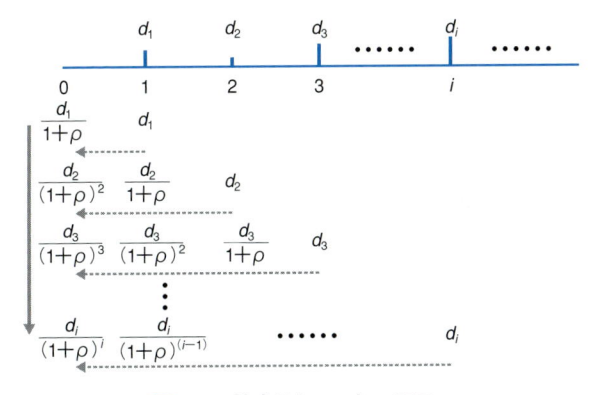

図7-5　株式のキャッシュフロー

$$P_0 = \frac{d_1}{1+\rho} + \frac{1}{1+\rho}\left(\frac{d_2+P_2}{1+\rho}\right)$$

$$= \frac{d_1}{1+\rho} + \frac{d_2}{(1+\rho)^2} + \frac{P_2}{(1+\rho)^2}$$

$$= \frac{d_1}{1+\rho} + \frac{d_2}{(1+\rho)^2} + \frac{1}{(1+\rho)^2}\left(\frac{d_3+P_3}{1+\rho}\right)$$

$$= \frac{d_1}{1+\rho} + \frac{d_2}{(1+\rho)^2} + \frac{d_3}{(1+\rho)^3} + \cdots + \frac{d_n}{(1+\rho)^n} + \frac{P_n}{(1+\rho)^n} \quad (7.1)$$

となります。最後の項がnを無限大にしたとき0に近づくとすれば

$$P_0 = \frac{d_1}{1+\rho} + \frac{d_2}{(1+\rho)^2} + \frac{d_3}{(1+\rho)^3} + \cdots \quad (7.2)$$

となり，株式の理論価格は将来にわたって受け取る配当金の期待値を現在価値に割り引いて合計したものになります（**配当割引モデル**）。(7.1) 式の最後の項が0にならない場合は株価の予想（期待値）によって株価が影響される合理的バブルの状態になります。

配当を一定値Dとすると (7.2) 式は初項が$\dfrac{D}{1+\rho}$，公比が$\dfrac{1}{1+\rho}$の等比数列なので

$$P_0 = \frac{D}{1+\rho} + \frac{D}{(1+\rho)^2} + \frac{D}{(1+\rho)^3} + \cdots = \frac{D}{1+\rho} \ \frac{1}{1-\dfrac{1}{1+\rho}} = \frac{D}{\rho}$$

となります。配当が毎年一定の成長率gで増加する場合は初項が$\dfrac{D}{1+\rho}$，公比が$\dfrac{1+g}{1+\rho}$の等比数列なので理論価格は

$$P_0 = \frac{D}{1+\rho} + \frac{D(1+g)}{(1+\rho)^2} + \frac{D(1+g)^2}{(1+\rho)^3} + \cdots = \frac{D}{1+\rho} \ \frac{1}{1-\dfrac{1+g}{1+\rho}} = \frac{D}{\rho-g}$$

と計算されます。

コラム　株式交換と三角合併

吸収合併では，合併により消滅する会社の権利義務がすべて存続する会社に承継され，消滅会社の株主には存続会社の株式が合併比率に従って割り当てられます。

株式交換は，既存の会社を完全子会社（100％子会社）にする方法で，子会社になる企業の株式を現金で買い取るのではなく，親会社になる企業の株式と交換します。どちらも消滅会社あるいは子会社になる会社の株主総会における特別決議（表7-2参照）によって行われ，株主と個別に売却，あるいは株式交換の交渉をする必要はありません。

会社法では，合併や株式交換などにおける対価が存続会社，あるいは親会社になる企業の親会社の株式にまで柔軟化されました。消滅会社の株主に対して存続会社の親会社の株式を交付した合併が三角合併です。

コラム　証券会社の業務

証券会社の主な業務は，株式・債券など有価証券の発行市場における引き受け（アンダーライティング），募集・売出（セリング），流通市場における委託売買（ブローカー），自己売買（ディーリング）です。このうち，引き受けと自己売買には有価証券をいったん保有するリスクがあります。

銀行が証券業務を兼ねた場合，たとえば貸し倒れの懸念がある貸出先に社債で資金調達させ，得られた資金で貸出を回収するなど，利益相反の可能性が生じます。このため米国では大恐慌期から1999年まで（グラス＝スティーガル法），わが国でも戦後長らく，銀証分離規制が実施されてきましたが，現在では欧州のユニバーサルバンクに近づきつつあります。

さらに1999年には委託売買手数料が完全自由化され，オンライン取引の普及に伴って売買手数料は大幅に下落しました。

企業の合併と買収（M＆A）

　企業が成長する方法には設備投資，研究開発投資などによる**内部成長**と，既存の企業全体の吸収合併や買収，あるいは事業部の買収といった**M＆A**（Merger & Acquisition）によって事業全体を手に入れる**外部成長**があります（図7-6）。M＆Aによる外部成長は内部成長と比較した場合，新分野に参入する際に必要となる時間を短縮できます。被買収企業のシェアが買収側に移動するので市場全体で新たに供給は発生せず，新規参入による供給過剰を避けられます。2つの企業が一つになることで相乗効果（シナジー）が生まれる場合もあります。進出したい分野に株価が割安になっている企業があればその企業の買収による進出はさらに有利になります。

　企業の発行済株式の過半数を取得すれば株式総会の普通決議を通して経営を支配でき，さらに3分の2以上を取得すれば特別決議も可能となります。100％を取得すれば完全子会社化できます。

　企業を買収して経営権を取得し，業績を改善できれば保有株の価格上昇により買収者は利益を得られます。経営権を取得することによるメリットに対応して，買収価格には市場価格にコントロールプレミアムが上乗せされます。しかし既存株主は，自らの買収に応じるか否かが買収の成否に影響せず，かつ買収者の経営により株価が上昇すると予想すれば，買収には応じずに株を保有し続けたほうが有利です（フリーライダーの問題）。一方，買収成功後に残った少数株主の承認なしに買収企業と合併されるなどして少数株主が締め出される（スクイーズアウト）可能性が意識されると，既存株主は現時点で売却に応じます。経営が非効率であると経営者の賛同を得ない**敵対的買収**の標的になる恐れがあります。敵対的買収が実行されるか否かにはかかわりなく，その可能性があることにより経営者

企業の合併と買収（M＆A）　　123

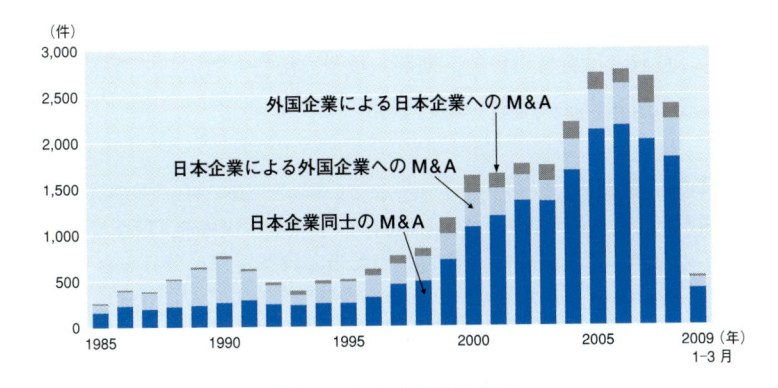

図 7-6　M＆A 件数の推移
（出所）『M＆A 専門誌 MARR　2009 年 5 月号』レコフデータ
http://www.recofdata.co.jp/mag_marr/details/graphe/

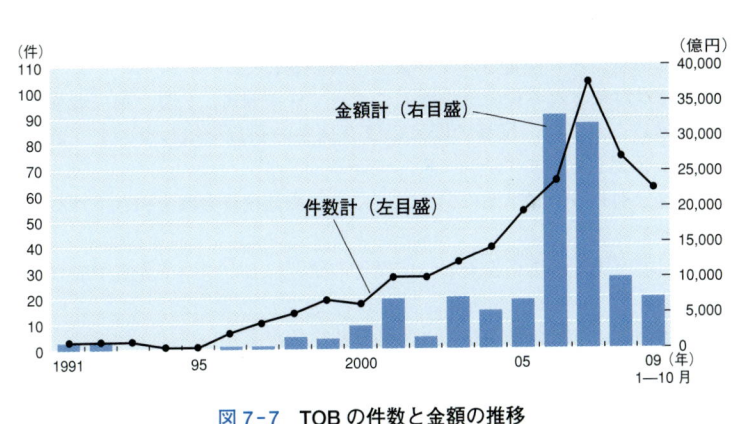

図 7-7　TOB の件数と金額の推移
（出所）『M＆A 専門誌 MARR 2009 年 5 月号』レコフデータ
http://www.recofdata.co.jp/mag_marr/details/graphe/

は業績を改善して株価を上げるように動機づけられます。

会社の支配権に影響を及ぼす取引について,株主に公平に売却の機会を与えるための制度が**公開買付**(**TOB**;Take Over Bid)制度です。買収者は買付の目的,期間,数量,価格を開示して既存株主から取引所外で株式を買い集めます。

■ 本章のまとめ

- 株式会社においては売上げから取引先,従業員,債権者,国などに支払いを済ませた残余は,株主への配当と内部留保に分けられます。内部留保も設備投資に使われて将来の収益となるので,残余は配当請求権と残余財産分配請求権を持つ残余権者である株主に帰属します。株主は企業の収益の残余を処分できるので,この収益源である企業の所有者であり,企業に対する支配権(経営参加権)を持ちます。ただし,企業が負債に対する支払いができなくなると企業は倒産し,支配権は債権者に移行します。支配権の行使は株主総会における議決権行使などの形で行われます。
- 株式会社が倒産したとき,債務超過の額にはかかわりなく,株主の責任は出資金額に限定されています(有限責任)。
- 増資は対象となる投資家の範囲によって株主割当,公募,第三者割当に分けられます。増資の際には既存株主の利益を損ねないよう留意する必要があります。
- 株式分割あるいは単元の引き下げにより最低投資金額を引き下げることができます。
- 取引所市場では価格優先と時間優先の原則にもとづいて売買が成立します。
- 株価指数には単純平均指数と時価総額指数があり,単純平均指数は銘柄入替と株式分割の影響を受けます。
- 配当割引モデルにおいては,株式の理論価格は将来にわたって受け取る配当金の期待値を現在価値に割り引いて合計したものです。このときの割引率には投資家の要求収益率を用います。
- 株主には経営参加権があるのでM&Aに際しては株式の取得が必要です。敵対的買収の可能性があることは経営者の規律づけにもなります。

第8章
資産選択理論

🔵 貯蓄と消費の２期間モデル

　家計は，現在の消費を減らして貯蓄することで将来の消費を増額できます。現在の消費を将来の消費と引替えにする代償として利息が得られます。今期と来期という2期間の消費の組合せ（消費計画）を考えます。今期と来期に得られる所得をそれぞれY_1，Y_2，実質金利をiとすると，今期の消費をS減らして貯蓄すると来期の消費が$(1+i)S$増えます。株式などの来期の価格が不確実な金融資産による運用を考えなければ，実現できる消費計画は図8-1の**予算制約線**（**資本市場の機会軌跡**）で表されます。予算制約線上の(Y_1, Y_2)よりも左上の部分は貯蓄によって，右下の部分は借入によって実現できます。貯蓄よりも借入の利率が高ければ予算制約線は(Y_1, Y_2)で折れ曲がります。

　この予算制約線から各家計の満足度（経済学では**効用**という）を最大化する点が選択されます。各点で表される消費計画から得られる効用を考えます。効用が等しい点を結んだ曲線を**無差別曲線**と呼びます（図8-2）。消費額は大きいほうが効用は高いので右上方の無差別曲線ほど高い効用に対応します。まったく消費しない状態に対する効用はきわめて低いので無差別曲線は横軸・縦軸には交わらず，軸に近づくにつれて軸と平行になり，原点に対して凸の形状となります。各点を通る無差別曲線の傾きは現在の消費を1円減らすときに将来の消費が何円増えれば効用が変わらないかを示していて，傾きを$1+\rho$としたときのρを**時間選好率**といいます。

　予算制約線上でもっとも効用が高い点は無差別曲線の一つが予算制約線と接している点です。もし2点で交わればその間にさらに効用の高い点が存在するからです。この接点で予算制約線の傾きである金利は無差別曲線の傾きである時間選好率に等しくなります。

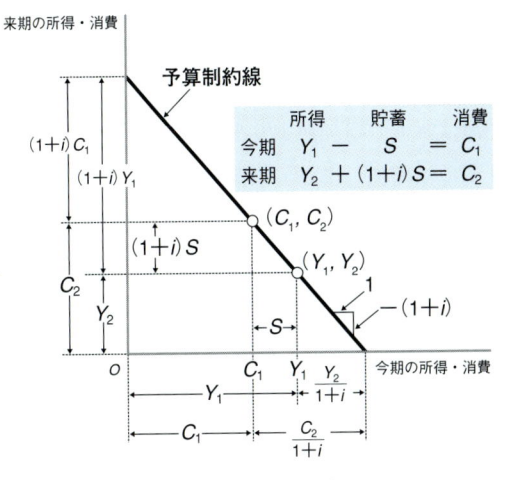

図 8-1 予算制約線

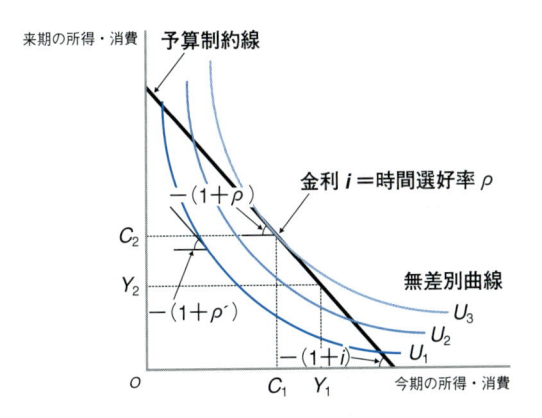

図 8-2 無差別曲線

一つの効用水準に対して 1 本の無差別曲線を描くことができます。図の 3 本の無差別曲線は U_3, U_2, U_1 の順に高い効用に対応しています。U_3 は予算制約線と接していますが、これより低い効用に対応する曲線は予算制約線と 2 点で交わります。

金利が変化せず，今期の所得が増加した場合，予算制約線が右上に平行移動してより効用の高い消費の組合せが実現可能になります（図8-3(a)）。現在の消費と将来の消費は共に増加するので現在の消費の増加額は所得の増加額より小さくなり，今期の所得から消費を引いた貯蓄額は増加します。来期の所得も増加する場合は今期と来期の所得の増加額によっては貯蓄が減少する場合もあります。

金利が上昇した場合は予算制約線の傾きが急になります（図8-3(b)）。これは将来の消費が現在の消費に比べて相対的に安くなったことを意味しているので現在の消費が減少，将来の消費が増加するという代替効果が生じ，貯蓄が増加します。一方，金利上昇により将来時点の貯蓄の元利合計が大きくなることによる所得効果は貯蓄を減少させます。金利の変化の影響は所得効果と代替効果に分けられ，代替効果が所得効果を上回れば金利上昇により貯蓄が増加します。

今期の所得の一部を生産的投資にあてて経営者兼株主として起業する場合を考えます。投資の増加に対する収益の増加（限界生産力）は次第に減少する（限界生産力逓減の法則）ため，生産的投資の機会軌跡の傾きは次第に緩やかになります（図8-4）。ここで同一の金利で貯蓄と借入が可能と仮定すると借入を用いることで効用はさらに増加します。このときの投資額は経営者が消費を将来と現在に配分する際の選好（無差別曲線）とは無関係に限界生産力と1＋金利が一致する水準に決まり，確定した現在と将来の所得に対して先に説明したように無差別曲線の形から今期と来期の消費の組合せが決まります。このように投資の決定と消費・貯蓄の配分が独立に行われること（フィッシャーの分離定理）により投資の決定においては所有者（株主）と経営者を分離して分析できます。

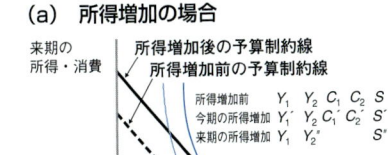

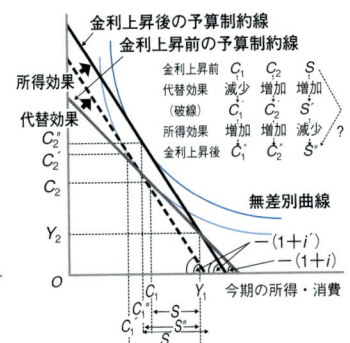

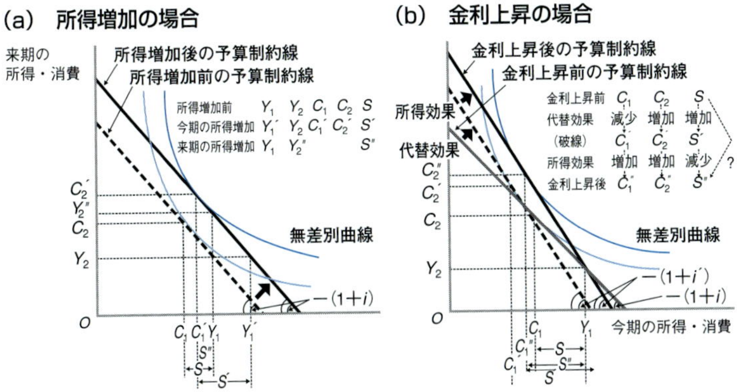

図 8-3 所得の変化と金利の変化（所得効果と代替効果）

(a)は所得増加，(b)は金利上昇の場合を示します。(b)においては金利上昇前の予算制約線から破線への変化が代替効果，破線から上昇後の予算制約線への平行移動が所得効果です。

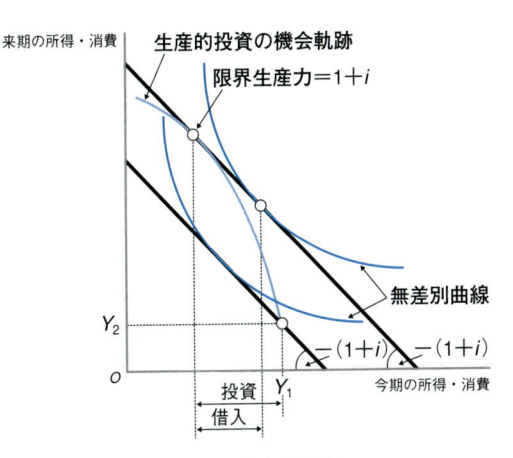

図 8-4 生産的投資

不確実性と期待効用

経済上の意思決定は効用を最大化するように行われますが,金融資産の収益率((将来の価格−現在の価格)÷現在の価格)は多くの場合,現時点においては不確実です。不確実性のある場合,効用の期待値(**期待効用**)を最大化するように意思決定を行うという仮説が**期待効用仮説**です(p.145 コラム参照)。

保有する金融資産の収益率が50％ずつの確率で$r-x$あるいは$r+x$である場合と確実にrの場合を比較します。期待値は収益率にその起きる確率を掛けて合計したものなので,どちらもrです。収益率Rに対する効用を**効用関数**$u(R)$で表したとき図8-5①のような上に凸の曲線であれば,収益率Rの上昇に対する効用の$u(R)$の増加(限界効用)は次第に小さくなります(限界効用逓減)。このとき,効用の期待値を比べると,50％ずつの確率で$u(r-x)$あるいは$u(r+x)$になる場合の期待値$\frac{u(r-x)+u(r+x)}{2}$よりも確実に$u(r)$になる場合のほうが大きくなります。不確実な場合よりも確定している場合のほうが効用の期待値(期待効用)が高いので,期待効用を判断基準とすると確実なrを選択します。このように効用関数が上に凸の場合,期待値が同じであれば確実なほうが選択されるので**危険回避型**(リスク回避型)と呼びます。

これに対して効用関数が図8-5③のような下に凸の形の場合,期待値が同じであれば不確実なほうが選択されるので**危険愛好型**(リスク愛好型)と呼ばれます。図8-5②のように効用関数が直線の場合,期待値が同じであれば不確実性の程度が異なっても期待効用は同一です。この場合はリスクを考慮に入れず収益率の期待値だけで判断することになり,**危険中立型**(リスク中立型)と呼ばれます。

①危険回避型

②危険中立型

③危険愛好型

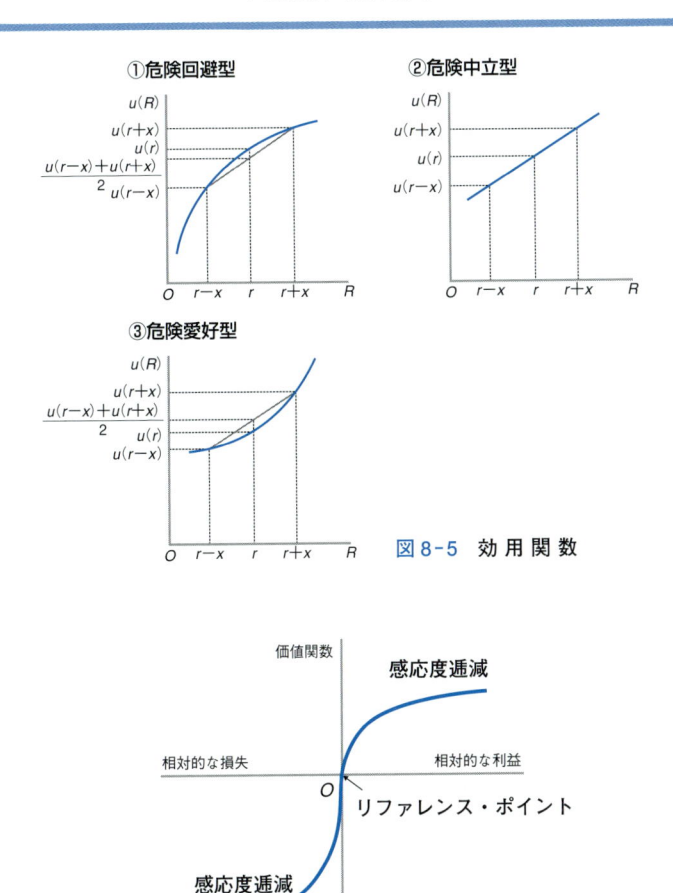

図 8-5 効 用 関 数

図 8-6 行動ファイナンス理論における価値関数

プロスペクト理論では，効用関数の代わりに評価の基準となる参照点（リファレンス・ポイント）を原点とした価値関数を用います。資産の購入価格，最近の高値などが参照点となります。参照点より利益が出ている状態では危険回避的，損失が出ている状態では危険愛好的な価値関数を用いると利益は早めに確定し，損失は先送りする行動を説明できます。投資家は資産の種類や目的ごとに別々の心理的勘定を持ち，勘定ごとに参照点と価値関数は異なると考えられます。

2パラメータ・アプローチ

　将来時点までの収益率が確定している資産を**安全資産**（無リスク資産）といいます（ここでは金融資産のみを考えるのでインフレは考慮しません）。たとえば，国の発行している国債は満期まで保有すれば安全資産と見なせます。収益率が確定していない資産が**危険資産**（リスク資産）です。ここでは収益率の不確実さの程度を収益率Rの**標準偏差**$\sigma(R)$で測定し，これを**リスク**，一方，収益率の期待値（期待収益率）$E(R)$を**リターン**と呼びます。一つの金融資産は，縦軸にリターン$E(R)$，横軸にリスク$\sigma(R)$を取ったリスク・リターン平面上の一つの点として表せます。効用関数が2次関数あるいは収益率の分布が正規分布の場合，期待効用は収益率の期待値と標準偏差で決まります。つまり，リスク・リターン平面上の各点に対して期待効用が決まります。投資家ごとに効用関数は異なるので期待効用は投資家によって異なる値となります。

　リスク・リターン平面に効用の等しい点を結んで無差別曲線を描くとリターンが大きいほど，つまり**図8-7**の上方の曲線ほど効用は高くなります。①危険回避型はリスクの小さい左上方，③危険愛好型はリスクの大きい右上方の効用が高くなります。②危険中立型の無差別曲線は横軸に平行な直線です。危険回避的な投資家の場合，無差別曲線は右上がりであり，いくつかの効用水準に対して無差別曲線を描くと左上方が高い等高線のような形状になります。危険回避度が高いほど，無差別曲線の傾きは急になります。危険資産の収益率の分布が正規分布に従う，あるいは効用関数が2次関数の場合には危険回避型の無差別曲線は図のような下に凸の形状になります。

　このように，金融資産の収益率の変動の特性を期待値と標準偏差で代表させて分析する方法を**2パラメータ・アプローチ**と呼びます。

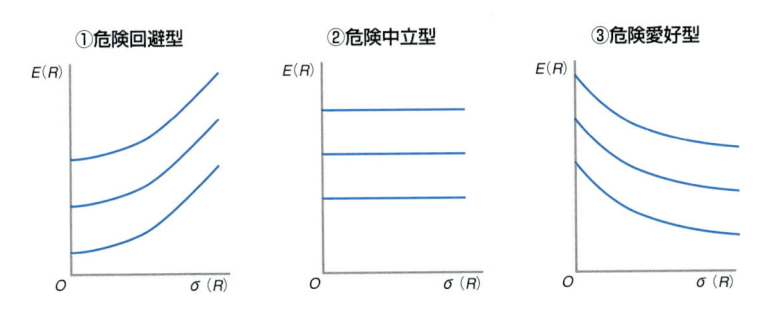

図 8-7 リスク・リターン平面における無差別曲線

①危険回避型　②危険中立型　③危険愛好型

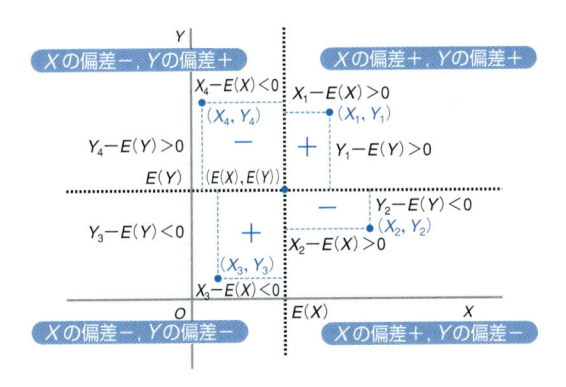

図 8-8 共分散と相関係数

$(X_1, Y_1), (X_2, Y_2), \cdots, (X_n, Y_n)$ のように対になったデータを横軸 X, 縦軸 Y の平面上にプロットしたものを散布図といいます。図のように X の期待値（平均）$E(X)$ を通る垂直線と Y の期待値 $E(Y)$ を通る水平線で散布図を4等分したとき、X の偏差と Y の偏差の積 $(X_i-E(X))(Y_i-E(Y))$ は右上と左下が正、右下と左上が負になります。この期待値 $E[(X_i-E(X))(Y_i-E(Y))]$ を X と Y の共分散と呼び、$\mathrm{Cov}(X, Y)$ と表記します。共分散を X と Y の標準偏差で割った $\dfrac{\mathrm{Cov}(X, Y)}{\sigma(X)\sigma(Y)}$ が相関係数であり、r_{XY} と表記します。相関係数は－1以上1以下の値をとり、データが完全に直線上にある場合は右上がりならば 1、右下がりならば－1、それ以外の場合はデータが直線に近いほど絶対値が 1 に近づきます。このときの直線の傾きは、相関係数の値には無関係です。平均を通る垂直あるいは水平の直線に関してデータが対称ならば、相関係数は 0 になります。

分散投資の効果

2つの危険資産AとBを$w:1-w$の比率で組み合わせた**ポートフォリオ**を考えます（ここでwは0と1の間の数。たとえば$w=0.3$であれば$w:1-w=0.3:0.7=3:7$）。このポートフォリオの収益率$R_P=wR_A+(1-w)R_B$の期待値$E(R_P)$は，wをウエイトにした加重平均$wE(R_A)+(1-w)E(R_B)$になります。

一方，ポートフォリオの収益率の標準偏差$\sigma(R_P)$には2つの資産の価格変動が打ち消し合う効果が発生します。標準偏差$\sigma(R_P)$はコラムのように2資産それぞれの収益率の標準偏差に加えて2資産の**相関係数**によって決まります。相関係数が1のときは資産Aの収益率が資産Bの収益率の$\dfrac{\sigma(R_A)}{\sigma(R_B)}$倍と完全に同調し，**分散投資の効果**はありません。この場合，ポートフォリオの収益率の標準偏差$\sigma(R_p)$は加重平均$w\sigma(R_A)+(1-w)\sigma(R_B)$となります。$w$を0から1まで動かしたときのポートフォリオのリスク・リターンを表す**投資機会軌跡**は**図8-9**のように2つの資産を結ぶ直線です。相関係数が-1のときは資産Aの収益率が常に資産Bの収益率の$-\dfrac{\sigma(R_A)}{\sigma(R_B)}$倍なので$w=\dfrac{\sigma(R_B)}{\sigma(R_A)+\sigma(R_B)}$とすればポートフォリオのリスクはゼロです。相関係数が1と-1の間の場合は-1に近づくほど価格変動が打ち消し合い，投資機会軌跡は左側に膨らみ，リスクは小さくなります。これが分散投資の効果です。

ポートフォリオにさらに危険資産を追加していくと**投資機会軌跡**（**投資機会集合**）は**図8-10**の斜線部分のようになります。同じリスクであればよりリターンの高い資産，さらに危険回避的投資家であれば同じリターンならばよりリスクの小さい資産を選ぶので，投

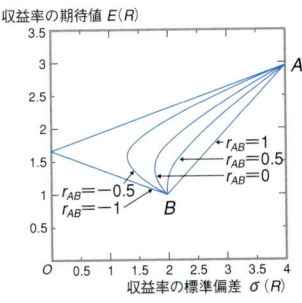

分散投資の効果

図 8-9　2 資産のポートフォリオ　　図 8-10　3 資産のポートフォリオ

コラム　ポートフォリオの分散の計算（2資産の場合）

$$
\begin{aligned}
\sigma^2(R_p) &= E[(R_p - E(R_p))^2] \\
&= E[(wR_A + (1-w)R_B - (wE(R_A) + (1-w)E(R_B)))^2] \\
&= E[w^2(R_A - E(R_A))^2 + (1-w)^2(R_B - E(R_B))^2 \\
&\quad + 2w(1-w)(R_A - E(R_A))(R_B - E(R_B))] \\
&= w^2 E[(R_A - E(R_A))^2] + (1-w)^2 E[(R_B - E(R_B))^2] \\
&\quad + 2w(1-w)E[(R_A - E(R_A))(R_B - E(R_B))] \\
&= w^2 \sigma^2(R_A) + (1-w)^2 \sigma^2(R_B) + 2w(1-w)\mathrm{Cov}(R_A, R_B)
\end{aligned}
$$

相関係数の定義：$r_{AB} = \dfrac{\mathrm{Cov}(R_A, R_B)}{\sigma(R_A)\sigma(R_B)}$ を代入すると，

$$\sigma^2(R_p) = w^2\sigma^2(R_A) + (1-w)^2\sigma^2(R_B) + 2w(1-w)r_{AB}\sigma(R_A)\sigma(R_B)$$

$r_{AB} = 1$ の場合は

$$
\begin{aligned}
\sigma^2(R_p) &= w^2\sigma^2(R_A) + (1-w)^2\sigma^2(R_B) + 2w(1-w)\sigma(R_A)\sigma(R_B) \\
&= (w\sigma(R_A) + (1-w)\sigma(R_B))^2
\end{aligned}
$$

となり，$\sigma(R_p)$ と $w\sigma(R_A) + (1-w)\sigma(R_B)$ はどちらも正の数なので

$$\sigma(R_p) = w\sigma(R_A) + (1-w)\sigma(R_B)$$

となります。一方，$r_{AB} = -1$ の場合は

$$
\begin{aligned}
\sigma^2(R_p) &= w^2\sigma^2(R_A) + (1-w)^2\sigma^2(R_B) - 2w(1-w)\sigma(R_A)\sigma(R_B) \\
&= (w\sigma(R_A) - (1-w)\sigma(R_B))^2
\end{aligned}
$$

となり，$w\sigma(R_A) - (1-w)\sigma(R_B)$ は負の場合もあるので以下のようになります。

$$\sigma(R_p) = |w\sigma(R_A) - (1-w)\sigma(R_B)|$$

資機会軌跡の中で選ばれる部分は左上端です。この部分を**有効フロンティア**と呼びます。

🌐 最適ポートフォリオとリスクの価格

　安全資産も考慮すると，危険資産による有効フロンティアと安全資産を結ぶ直線上も実現可能となります（図8-11）。危険回避的投資家は左上方の効用が高いので，安全資産を通って有効フロンティアに左上から接する直線上の点を選びます。このときの接点Tに相当するポートフォリオを**接点ポートフォリオ**と呼びます。安全資産と接点Tを結ぶ直線上のどの点を選ぶか，つまり安全資産と接点ポートフォリオに配分する比率は投資家ごとに異なります。無差別曲線が下に凸ならばこの直線に無差別曲線が接する点がもっとも効用が高くなり，この点が投資家にとっての**最適ポートフォリオ**です（図8-12）。

　以上のように，接点ポートフォリオの決定と各投資家の最適ポートフォリオの決定（すなわち安全資産と接点ポートフォリオへの投資配分の決定）が別々に行われることを**トービンの分離定理**といいます。

　全投資家がそれぞれの危険資産について同一のリスク・リターンを認識していると仮定します。これを**同質的期待**と呼びます。この場合，合理的な投資家であれば同一のリスク・リターン図を描き，同一の接点ポートフォリオを保有しようとします。投資家ごとに安全資産と危険資産への配分は異なりますが，危険資産の内訳における各資産の構成比は同一です。その結果，各投資家の保有する危険資産の構成比は，全危険資産の時価総額に占める各資産の時価総額と一致します。一致しなかった場合は，需要超過となった資産の価格が上がり，供給超過となった資産の価格が下落することで，市場

最適ポートフォリオとリスクの価格　　　137

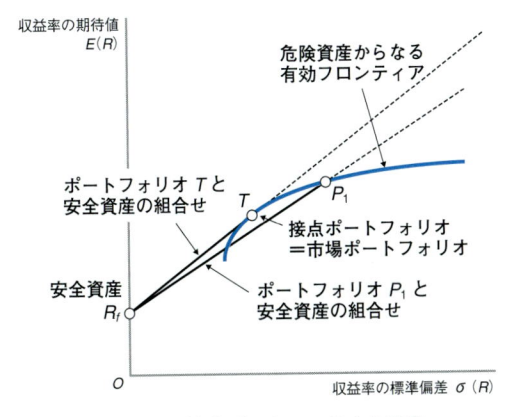

図 8-11　接点ポートフォリオの決定

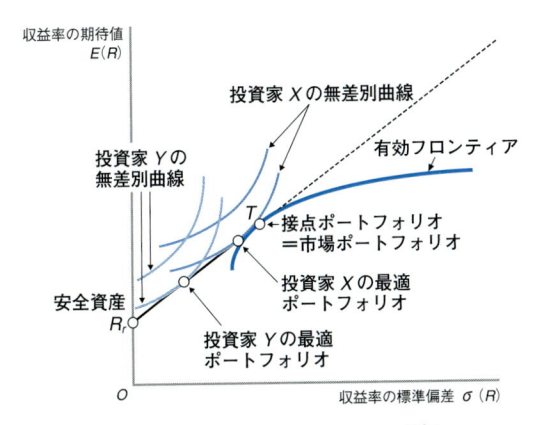

図 8-12　最適ポートフォリオの選択

最適ポートフォリオが安全資産に近ければ安全資産の比率が高く、市場ポートフォリオに近ければ危険資産の比率が高くなります。危険資産よりも右上方の点線部分は資金を借りて危険資産に投資する状態です。

均衡が成立するとき各投資家は時価総額に占める各資産の構成比に従って危険資産を保有しています。このように，接点ポートフォリオは時価総額における構成比に従って各資産を集めたものとなり，これを**市場（マーケット）ポートフォリオ**と呼びます。

🌐 **資本資産価格モデル（CAPM）**

図8-13の資本市場線の傾き $\dfrac{E(R_m)-R_f}{\sigma(R_m)}$ はリスク1単位の増加に対してリターンの増加が何単位要求されるかを示しているので，**リスク価格**と呼ばれます。

すべての投資家は分散投資によってリスクが軽減された市場ポートフォリオを保有しています。第i資産と市場ポートフォリオの相関係数をr_{im}とすると$r_{im}\sigma(R_i)$はi資産のリスク$\sigma(R_i)$のうち市場ポートフォリオと一緒に変動する，つまり分散投資によって軽減されない部分で，**システマティック・リスク**あるいは**市場（マーケット・）リスク**と呼ばれます（第3章のBIS規制における市場リスクとは異なります）。残りの$(1-r_{im})\sigma(R_i)$は分散投資により相殺される部分で，**アンシステマティック・リスク**あるいは**スペシフィック（固有・個別）・リスク**と呼ばれます（コラム参照）。個々の危険資産のリスクのうち，システマティック・リスクは分散投資によって軽減できないので投資家はこのリスクを引き受けることに対する報酬を要求します。システマティック・リスク$r_{im}\sigma(R_i)$にリスク価格$\dfrac{E(R_m)-R_f}{\sigma(R_m)}$を掛けたものが投資家の要求するリスクプレミアムです。これに安全資産収益率R_fを加えたものが投資家の要求する収益率（要求収益率）です。

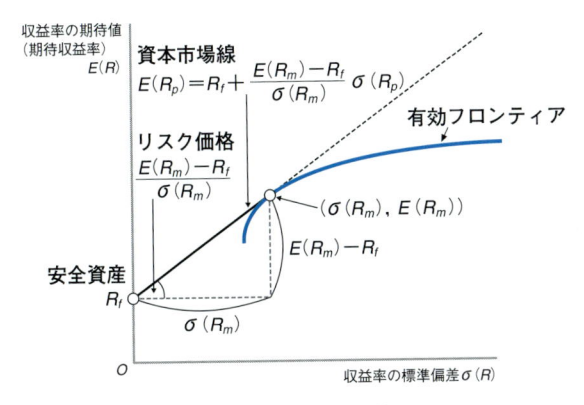

図 8-13 資本市場線

安全資産と市場ポートフォリオを結ぶ直線が**資本市場線**で、投資家の選択するポートフォリオにおけるリスクとリターンの関係を表しています。

$$E(R_p) = R_f + \frac{E(R_m) - R_f}{\sigma(R_m)} \sigma(R_p) \tag{8.1}$$

コラム　分散投資によるリスクの軽減

　価格変動が完全に同調する相関係数が1の場合を除いて、投資する資産を分散させることで価格変動リスクは軽減されます。たとえば株式に投資する場合、銘柄数を増やすことで企業業績による変動は打ち消し合います。このような分散投資によって減少するリスクが**アンシステマティック・リスク**です。

　しかし、景気変動によって株式が全体的に下落する影響を避けることはできません。分散投資によって減らないリスクが**システマティック・リスク**です。CAPMにおいては、分散投資で軽減できないシステマティックリスクに対してのみリスクプレミアムが要求されます。

予想される収益率（期待収益率）$E(R_i)$が要求収益率よりも大きいときはその資産を購入しようとする投資家が増えて価格は上昇し，期待収益率は要求収益率の水準まで下落します。逆に，期待収益率が要求収益率よりも小さいとき，価格は下落し，期待収益率は要求収益率まで上昇します。そのため，均衡においては投資家の要求収益率と期待収益率が一致し，以下の**資本資産価格モデル**（**CAPM**；Capital Asset Pricing Model）の式が成立します（図8-14）。

$$E(R_i) = R_f + \frac{E(R_m) - R_f}{\sigma(R_m)} r_{im} \sigma(R_i) \tag{8.2}$$

CAPMの式（8.2）は，個々の危険資産に対するリスクとリターンの関係を表しています。この式の右辺第2項において$\beta_i = \frac{r_{im}\sigma(R_i)}{\sigma(R_m)}$とおくと

$$E(R_i) = R_f + (E(R_m) - R_f)\beta_i \tag{8.3}$$

となります。ここでβ_iは相関係数の定義$r_{im} = \frac{\text{Cov}(R_i, R_m)}{\sigma(R_i)\sigma(R_m)}$を使うと以下のように表せます。

$$\beta_i = \frac{r_{im}\sigma(R_i)}{\sigma(R_m)} = \frac{\text{Cov}(R_i, R_m)\sigma(R_i)}{\sigma(R_i)\sigma(R_m)\sigma(R_m)} = \frac{\text{Cov}(R_i, R_m)}{\sigma^2(R_m)} \tag{8.4}$$

ここで横軸に市場ポートフォリオのリターンR_m，縦軸に個別銘柄のリターンR_iをとって散布図を描き（図8-15），これに直線$R_i = a + bR_m$をあてはめます（直線回帰）。最小2乗法はデータに直線（あるいは曲線）をあてはめる方法で，データの各点とあてはめる直線（あるいは曲線）との縦軸方向の距離の2乗和（残差）を最小化します。最小2乗法を使って回帰直線の傾きbを求める式は式（8.4）の右辺にほかならないので，ベータβ_iは回帰直線の傾きとして求められ，市場ポートフォリオのリターンが1％変化したときに

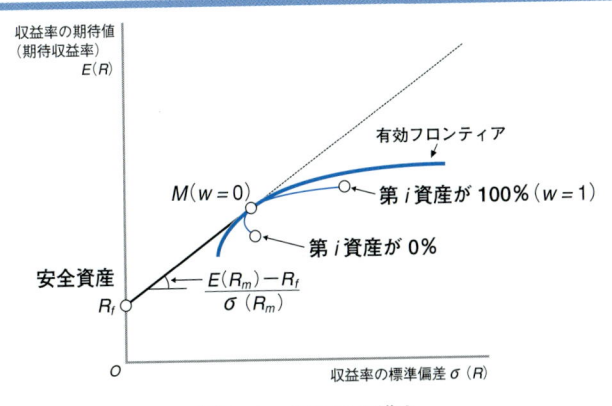

図 8-14　CAPM の導出

青の細線は第 i 資産と市場ポートフォリオを $w : 1-w$ の比率で組み合わせたポートフォリオの投資機会軌跡です。w が負の部分は市場ポートフォリオにおける第 i 資産への配分を減らすことを意味します。w を 1 から減少させていくと $w=0$ のときに市場ポートフォリオ M と一致し、この点で有効フロンティアと接します。有効フロンティアは M で資本市場線とも接しているので、このポートフォリオの投資機会軌跡の傾きは $w=0$ のときにリスク価格に等しくなり、ここから式 (8.2) が導かれます。

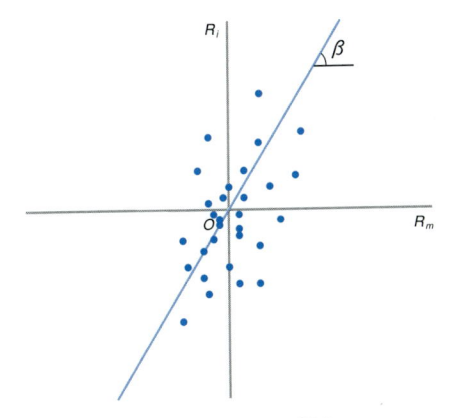

図 8-15　ベータの推定

グラフ上に期間ごとのリターンを一つの点としてプロットしますが、データをとる期間や間隔（日次、週次など）によって結果は異なります。多くの場合、週次あるいは月次で3〜5年分のデータを使います。

第 i 銘柄のリターンが平均的には何%変化するかを表しています。このときの市場ポートフォリオには通常，TOPIXなどの時価総額指数を用います。

縦軸に期待収益率 $E(R_i)$，横軸にベータ β_i をとった図に式（8.3）を描いたものを証券市場線と呼びます（図8-16）。β は分散投資で軽減できないリスクの大きさを表しています。証券市場線よりも下側にある資産は，証券市場線上の資産と比べると，同一の β に対してリターンが低く割高なので売られて価格が下落し，期待収益率が上昇します。逆に証券市場線より上側にある資産は割安ですから，価格が上昇し，期待収益率が下落します。

🔵 市場の効率性

情報がどの程度迅速に価格に反映されるかを市場の効率性（情報効率性）といい，このときの情報の内容によってウィーク，セミストロング，ストロングの3段階に分けられます。

ウィーク・フォーム（弱度）の効率性では情報として過去の価格のみを考えます。ウィーク・フォームで効率的な市場では，過去の価格から得られる情報はすべて現在の価格に織り込み済で，過去の価格を用いたテクニカル分析などで価格を予測しても長期にわたって平均的に市場ポートフォリオを上回る収益をあげることは不可能です。

過去の価格に加えて現在時点までに公開されたすべての情報も含める場合が，セミストロング・フォーム（準強度）の効率性です。もし市場がセミストロング・フォームで効率的であれば関連する経済データを用いてファンダメンタル分析によって価格を予想しても市場ポートフォリオの収益を上回ることはできません。もし市場が

図 8-16 証券市場線

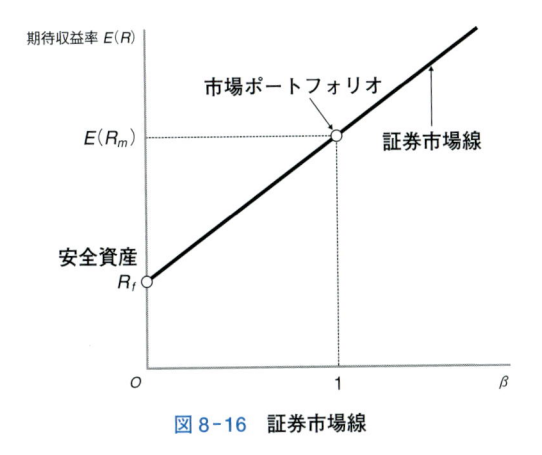

コラム　完全資本市場

　CAPMの議論で仮定されている事項を整理します。第1に，手数料，税金など取引費用などの**摩擦的要因**はないと仮定します。第2に，各投資家の行動が市場に及ぼす影響は無視できるくらい小さく，各投資家は価格を与えられた（所与の）ものとして自分の行動が市場に与える影響を考慮せずに意思決定すると仮定します。これを**プライステイカーの仮定**といいます。第3に，すべての投資家はすべての情報を正しくかつ同じ様に知っているという完全情報の仮定をおきます。以上の3つの仮定は**完全競争市場**の条件です。
　さらに，投資家は期待効用を最大化するように意思決定する**合理的投資家**であり，資本市場は効率的と仮定します。同一かつ正しい情報をすべての合理的投資家が保有していれば，期待（予想）も同一になります。これを**同質的期待**と呼びます。投資家は無リスク無制限に預入と借入が可能で，預入と借入の金利が同一と仮定します。完全競争に加えて以上の仮定を満たしている場合を**完全資本市場**といい，ファイナンス理論におけるもっとも一般的な仮定です。

効率的であれば，情報を収集・分析しても超過収益をあげられないため，それに費用がかかる場合は情報を収集・分析する投資家がいなくなるというパラドックスが生じます。市場がセミストロング・フォームで効率的であれば，新しい情報が公開された時点で瞬時にその情報を織り込んだ水準に価格が変動するはずです。この場合，新しい情報が予測できないので価格の変動も予想できないことになります。

　さらに，公開情報だけでなく，一般には入手できない内部情報も含めた場合を**ストロング・フォーム**（強度）の効率性と呼びます。内部情報を利用できる人がそれ以外の人と取引するとき，情報を持つ内部者が有利になるため，取引に外部者が参加しなくなり，流通市場に外部の資金が入ってこなくなります。このため，企業の内部情報を用いた取引は**インサイダー取引**として規制されています（コラム参照）。

コラム　期待値と標準偏差

確率変数 $X_1, X_2, \cdots, X_n$ に対してそれぞれの発生確率 $p_1, p_2, \cdots, p_n$ を掛けて合計した $p_1X_1 + p_2X_2 + \cdots + p_nX_n$ を X の**期待値**（**平均**）といい，$E(X)$ と表記します。たとえば，くじの場合，一等から末等までそれぞれの当選金と当選確率を掛けて合計したものです。期待値は和の記号 $\sum$（シグマ）を使うと，$E(X) = \sum_i p_i X_i$ と表せます。確率がすべて等しいときは $p = \dfrac{1}{n}$ なので期待値は足して個数で割る $E(X) = \dfrac{\sum_i X_i}{n}$ となります。

期待値との差を偏差といいますが，偏差の2乗 $(X_i - E(X))^2$ の期待値が**分散**で，$\sigma^2(X)$ と表記されます。期待値を $E(\ )$ で表現すると $\sigma^2(X) = E[(X_i - E(X))^2]$ です。確率がすべて等しいときは $p = \dfrac{1}{n}$ なので分散は偏差2乗和を個数で割った

$$\sigma^2(X) = E[(X_i - E(X))^2] = \frac{\sum_i (X_i - E(X))^2}{n}$$

となります。分散の平方根が**標準偏差** $\sigma(X) = \sqrt{E[(X_i - E(X))^2]}$ です。

コラム　インサイダー取引

企業の内部情報を用いて取引することを**インサイダー取引**と呼びます。インサイダー取引が行われると企業の外部の投資家は不利になることが予想されるので，市場に参加しなくなります。

そこで，上場企業の関係者がその職務や地位により未公表の重要情報を知ったときに，その情報の公表前に株式・社債等の有価証券の売買を行うことは禁止されています（インサイダー取引規制）。

ここで関係者には，会社役員から従業員，そしてこれらの者から情報を得た者も含まれ，売買により利益を得たか否かは無関係です。

本章のまとめ

- 期待効用仮説では，期待効用を最大化するように意思決定すると仮定します。効用関数の形状により，期待値が同じであればリスクの小さいほうを選好する危険回避型，リスクの大きいほうを選好する危険愛好型，期待値のみを考慮する危険中立型に分類されます。
- 2パラメータ・アプローチでは，金融資産の価格変動の特性を収益率の期待値と標準偏差で表現します。金融資産は縦軸に収益率の期待値，横軸に標準偏差をとったリスク・リターン平面上の点で表され，これに対して期待効用が決まります。
- 価格変動の相関係数が小さいほど，変動が打ち消し合ってポートフォリオの分散は小さくなります。複数の危険資産を組み合わせたポートフォリオによって実現可能な収益率の期待値と標準偏差の組合せを，投資機会軌跡と呼び，この中で危険回避的投資家に選択される可能性のある部分が有効フロンティアです。
- 安全資産を考慮した場合，危険資産から構成される接点ポートフォリオの決定と安全資産と接点ポートフォリオの配分の決定は別々に行われます（分離定理）。同質的期待を仮定すれば接点ポートフォリオは市場ポートフォリオとなり，すべての投資家は分散投資によってリスクが軽減された同一の市場ポートフォリオを保有します。
- システマティック・リスクは分散投資によって軽減できないので，投資家はこのリスクに対してはリスクプレミアムを要求します。それぞれの危険資産についてはリスクプレミアムを安全資産利子率に加えた投資家の要求収益率がこの資産の期待収益率となります。市場ポートフォリオのシステマティック・リスクを1としたときの各危険資産のシステマティック・リスクの大きさがβです。

第9章
企業の資金調達

内部金融と外部金融

　企業が資金調達する方法は，社内で調達する**内部金融**と社外から調達する**外部金融**に分けられます。第7章で見たように税引後当期純利益の一部は配当として株主に配分されて社外に流出しますが，残りは**内部留保**として社内に蓄積されます（蓄積されたストックを内部留保と呼んでいる場合もあります）。また生産設備などの固定資産を毎期償却していく**減価償却費**は，損益計算書の中で費用として計上されますが，その額のキャッシュが社外に流出するわけではなく，減価償却費分の現金は社内に残ります（p.163 コラム参照）。キャッシュフロー計算書においては営業キャッシュフローに含まれています。これらを資金として活用するのが内部金融です（図9-1）。内部金融は返済の必要がなく，利息や配当金を払う必要もありません。調達にかかわるコストも小さく，時間もかかりません。ただし内部金融だけで設備投資などに必要な資金を調達できるとは限りません（損益計算書やキャッシュフロー計算書などについては章末で説明します）。

　第8章までに述べたように外部金融は負債と資本に分けられます。負債は期限通りに返済する必要がありますが，業績が好調でも決められた利子以上を支払う必要はありません。一方，資本は返済する必要はなく，負債に対する利子と税金の支払いを済ました後に残る当期純利益が剰余金として資本に蓄積され，配当の原資となります（表9-1）。

　企業の利益は売上高から各種の費用を引いたものですが，負債に対する利子の支払いは費用の中に入っています。税引後の純利益に金利支払額と税支払額を加えたものが**利払い税引き前利益**（**EBIT**；Earning Before Interest and Tax）で，これが債権者と政府と株主に分配される利益です。

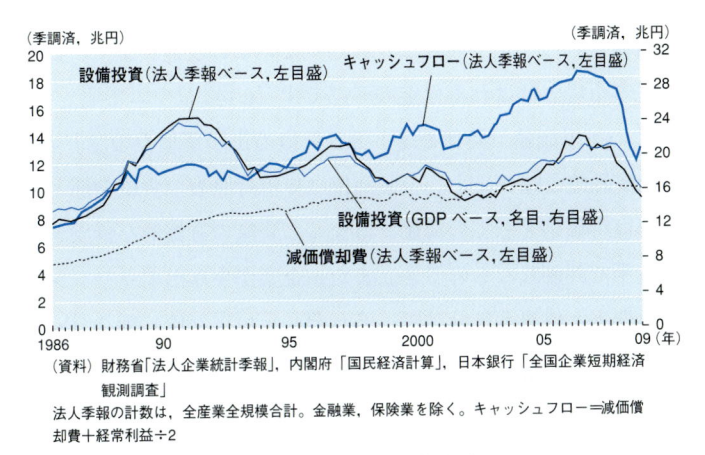

(資料) 財務省「法人企業統計季報」, 内閣府「国民経済計算」, 日本銀行「全国企業短期経済観測調査」

法人季報の計数は, 全産業全規模合計。金融業, 保険業を除く。キャッシュフロー＝減価償却費＋経常利益÷2

図9-1　設備投資と内部金融

表9-1　剰余金の配当の推移

(単位：億円, ％)

年度 区分	2004年		2005年		2006年		2007年	
		構成比		構成比		構成比		構成比
当期純利益	168,210	100.0	231,569	100.0	281,650	100.0	253,728	100.0
役員賞与	12,313	7.3	15,225	6.6	0	0.0	―	―
配当金	85,849	51.0	125,286	54.1	162,174	57.6	140,390	55.3
内部留保	70,048	41.6	91,058	39.3	119,475	42.4	113,338	44.7

1. 当期純利益＝経営利益＋特別利益－特別損失－法人税, 住民税及び事業税－法人税等調整額
2. 役員賞与は, 2006年度調査以前では利益処分項目であったが, 2007年度調査以降は,「役員賞与に関する会計基準」にもとづき費用項目としたため,「―」と表示している。

(出所)　財務省「平成19年度法人企業統計調査」

最適資本構成：モディリアーニ=ミラーの定理

　企業にとって最適な自己資本と負債の割合（最適資本構成）を考えます。取引費用や税金が存在せず，すべての経済主体が企業に関する情報を正しくかつ同じように知っていると仮定します。これは完全資本市場と呼ばれる仮定の一部です（p.143 コラム参照）。

　株式の市場価値（時価総額）S と負債の市場価値 D の和 $V=S+D$ を**企業価値**と呼びます。企業価値は貸借対照表の負債の部と資本の部を取得価格としての簿価ではなく，資産の有機的な構成を反映して時価で評価したものです。また，企業が生み出すキャッシュフローを株主と債権者に分けて，それぞれを現在価値に割り引いたものとも考えられます。

　ここで負債の有無以外の条件がまったく同じ2つの企業を考え，負債のない企業を U，負債のある企業を L とします（図9-2）。企業 L の負債額を D とし，借入金利を i とします。企業 U の株式のうち $\alpha \times 100\%$ を保有する投資家（ここでは $0 < \alpha < 1$ とします）は利払い税引き前利益（EBIT）を X とすると，そのうちの αX に対する請求権を持ちます。これが全額配当されるとは限りませんがこの部分が株主の持ち分です。

　一方，企業 L の株式の $\alpha \times 100\%$ を保有する投資家は X から金利支払い iD を引いた $X-iD$ の $\alpha \times 100\%$，$\alpha(X-iD)$ の請求権を持ちます。企業 L の負債の $\alpha \times 100\%$ を保有し，金利支払い αiD を受け取ると，合計 $\alpha(X-iD)+\alpha iD=\alpha X$ と企業 U の株式の $\alpha \times 100\%$ を保有するときと同じ収益が得られます。

　ここで，企業 U の企業価値 $V_U=S_U$ が企業 L の企業価値 $V_L=S_L+D$ よりも大きい（$V_U>V_L$）と仮定します。企業 U の株式を $\alpha \times 100\%$ 分を売却すると売却代金は $\alpha S_U=\alpha V_U$ です。企業 L の株式の $\alpha \times$

最適資本構成：モディリアーニ=ミラーの定理

(a) 負債のない企業 U

時価評価した貸借対照表

| 資本 S_U |

期末の収益 X

U社株の $\alpha \times 100\%$ を保有する投資家の期末の収益

αX

企業価値　$V_U = S_U$

(b) 負債のある企業 L

時価評価した貸借対照表

| 負債 D |
| 資本 S_L |

期末の収益 X

L社株の $\alpha \times 100\%$
L社の負債の $\alpha \times 100\%$ を保有する投資家の期末の収益

$\alpha i D$

$\alpha (X - iD)$
αX

企業価値　$V_L = S_L + D$

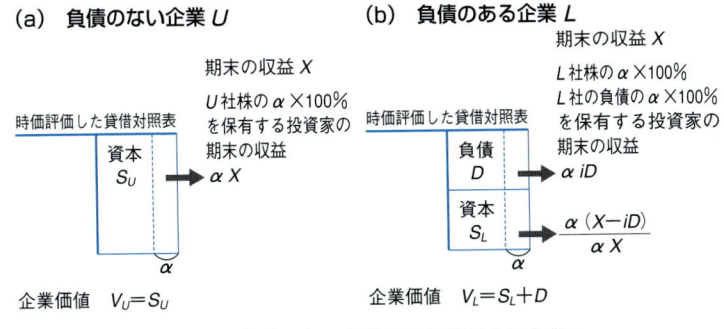

図 9-2　負債のない企業 U と負債のある企業 L

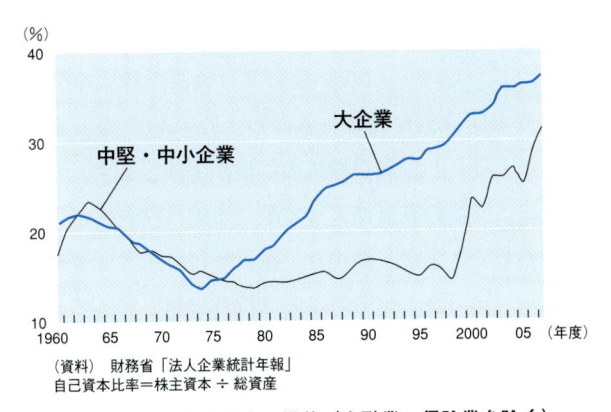

(資料)　財務省「法人企業統計年報」
自己資本比率＝株主資本÷総資産

図 9-3　自己資本比率の推移（金融業・保険業を除く）
(出所)　日本銀行「金融システムレポート」（2009 年 3 月）

100％と負債の$\alpha \times 100$％を購入する代金はαS_LとαD，合計$\alpha V_L = \alpha(S_L + D)$です。収益は$\alpha X$と変わりませんが，売却代金と購入代金の差額$\alpha(V_U - V_L)$が得られます。このようにリスクなしで利益を上げる取引を裁定取引と呼びます。

逆に，$V_U < V_L$のときは割高になっている企業Lの株式を$\alpha \times 100$％だけ売却します。同時に企業Lの負債の$\alpha \times 100$％を売却したいのですが，保有しているとは限りません。負債と同じ利率iで借入可能ならαDだけ借り入れると，株式の売却と併せて$\alpha V_L = \alpha(S_L + D)$の資金を得られます。一方，企業$U$の株式の$\alpha \times 100$％を買い入れる代金は$\alpha S_U = \alpha V_U$，差し引き$\alpha(V_L - V_U) > 0$が手元に残ります。企業$L$の株式の$\alpha \times 100$％を保有していた場合と，企業$U$の株式の$\alpha \times 100$％を保有し，$\alpha D$だけ借り入れる場合では，期末の収益はどちらも$\alpha(X - iD)$となるのでリスクなしに$\alpha(V_L - V_U)$を得られたことになります。

以上のように，$V_U = V_L$でない場合には割高な株式を売って割安な株式を買う裁定取引が行われるため，$V_U = V_L$となるまで割安な株式の価格が上昇し，割高な株式の価格が下落します。

このように，負債の有無によって生じる差は投資家が負債を売買することで相殺できます。つまり，投資家にとっては企業の収益力が重要であり，自己資本比率の違いは投資家側で対処できます。

なお，同様の仮定の下で，資金調達手段として内部留保，新株発行，負債のどれを選んでも投資において最低限必要とされる収益率（投資の資本コスト）は変わりません。また，利益を配当と内部留保へ配分する割合（配当政策）も，これにより投資額が変更されることがなければ，企業価値に影響を与えません。

以上，株主資本比率，資金調達手段，配当政策についての無関連

コラム　資金調達の上での負債と資本の違い

> 負債による資金調達は株式に比べて調達に要する時間が短く，不要になったときに容易に返済できるので，機動性があります。株主は議決権によって自らの利益を守ることができますが，債権者は貸し倒れが生じない限り経営には参加できません。そのため，債権者の利益を守るための規制が設けられています。また，負債は株式に比べて証券設計が自由なので，担保の設定や特約条項の組み入れで利益を守ることもできます。

コラム　負債の節税効果と倒産コスト

法人税，住民税，事業税といった税金は企業の利益（課税所得）に対して課税されます。金利支払額は損金算入されて課税所得から控除されます。株式の代わりに負債で資金調達することによって企業は課税額を小さくでき，その分，債権者と株主に支払われるキャッシュフローが大きくなるので，負債を増やすほど企業価値は大きくなります。一方，負債を大きくすると業績が悪いときに元利金の返済ができず貸し倒れになる危険性が大きくなります。

このように，現実に資金調達手段として負債をどの程度用いるかは，節税効果というメリットと倒産コストというデメリットも勘案して決定されます。

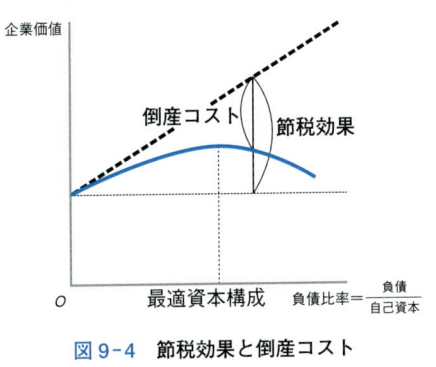

図9-4　節税効果と倒産コスト

命題を総称して**MM命題**と呼びます。

🔵 負債のてこ効果

前節と同様，負債のない企業Uと負債のある企業Lを考えます。企業Uの株価をP_U，発行済株式数をn_Uとすると株式の期待収益率は，

$$E(y_U) = \frac{\frac{E(X)}{n_U}}{P_U} = \frac{E(X)}{n_U P_U} = \frac{E(X)}{V_U} \tag{9.1}$$

です。一方，企業Lの株式の期待収益率はコラムのような計算で

$$E(y_L) = \frac{\frac{E(X) - iD}{n_L}}{P_L} = \frac{E(X) - iD}{n_L P_L} = E(y_U) + \frac{D}{S_L}(E(y_U) - i) \tag{9.2}$$

となり，期待収益率$E(y_U)$は金利iよりも高いため，負債比率$\frac{D}{S_L}$を高くすると株式の期待収益率$E(y_L)$が上昇します。これを**負債のてこ（レバレッジ）効果**と呼びます（コラム参照）。負債を増やしても収益からは利息分のみ支払えばよいので，株主資本に対する利回り（収益率）は高くなるということです。ここで期待収益率は利益の期待値を株主資本（時価評価）で割った予想ROE（Return On Equity；株主資本利益率）といえます。

一方，企業Uと企業Lの株式のリスクには次の関係があります。

$$\sigma(y_L) = \left(1 + \frac{D}{S_L}\right)\sigma(y_U) = \sigma(y_U) + \frac{D}{S_L}\sigma(y_U) \tag{9.3}$$

右辺の第1項は負債の有無に無関係な**営業上のリスク**です。第2項は負債による**財務上のリスク**であり，負債増加による貸し倒れリスクはここに含まれていません。負債を増やすと財務上のリスクの分，リスクプレミアムが上昇し株式の要求収益率は上昇します。この大

コラム　負債のてこ効果

企業Lの株価をP_L，発行済株式数をn_Lとすると株式の期待収益率は

$$E(y_L) = \frac{\frac{E(X) - iD}{n_L}}{P_L} = \frac{E(X) - iD}{n_L P_L} = \frac{E(X) - iD}{S_L} = \frac{E(X)}{S_L} - i\frac{D}{S_L}$$

です。ここでMM命題の$V_U = V_L$を使うと，以下のようになります。

$$E(y_L) = \frac{E(X)}{V_U}\frac{V_L}{S_L} - i\frac{D}{S_L}$$

企業Uの株式の期待収益率について$E(y_U) = \frac{E(X)}{V_U}$，企業$L$の企業価値について$V_L = S_L + D$を代入すると，以下のように式（9.2）が求められます。

$$E(y_L) = E(y_U)\frac{S_L + D}{S_L} - i\frac{D}{S_L} = E(y_U)\left(1 + \frac{D}{S_L}\right) - i\frac{D}{S_L} = E(y_U) + \frac{D}{S_L}(E(y_U) - i)$$

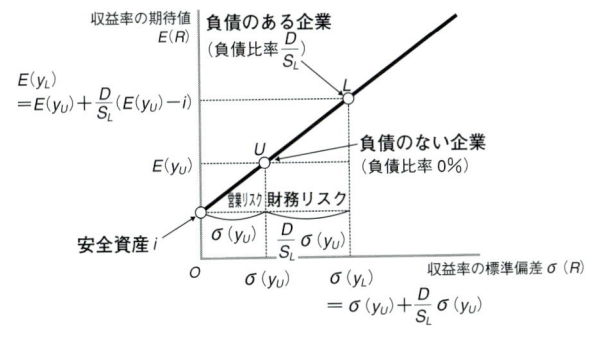

図9-5　負債のてこ効果

コラム　資本コスト

要求収益率と期待収益率が等しくなることから平均資本コストは以下のように負債の大きさに関係なく一定です。

$$k = \frac{D}{V_L}i + \frac{S_L}{V_L}E(y_L) = \frac{D}{V_L}i + \frac{S_L}{V_L}\frac{E(X) - iD}{S_L} = \frac{D}{V_L}i + \frac{E(X) - iD}{V_L} = \frac{E(X)}{V_L}$$

一般に加重平均資本コスト（**WACC**；Weighted Average Cost of Capital）と呼ばれているものは実効税率をtとして負債の利子率に$1 - t$をかけて負債の節税効果を算入します。しかし厳密には，節税分は株主に分配されるため，株式の資本コストに含まれています。

きさはてこ効果による期待収益率の上昇の大きさに一致しています。

要求される収益率を企業側からは**資本コスト**と呼びます。負債を増やすと資本コストの低い負債のウエイトが高くなりますが，株式の財務リスクが大きくなるため株式の要求収益率（資本コスト）は高くなり，加重平均した資本コストは負債を増やす前と変わりません（p.155 コラム参照）。

🔵 正味現在価値と内部収益率

投資を決定する要因には，需要予測や生産技術，同業他社の動向などの投資から得られる将来のキャッシュフローに影響する要因と投資のために必要な資金の資本コストがあります。

投資により得られる将来キャッシュフローを現在価値に割り引き，投資額を引くと投資案件の**正味現在価値**（NPV；Net Present Value）が求められます（図9-6）。正味現在価値が正の投資案件を実施すると企業価値は増大します。

投資額と将来得られるキャッシュフローの現在価値が等しくなる割引率を**内部収益率**（IRR；Internal Rate of Return）と呼びます。割引率が内部収益率に等しいとき，投資額と回収額の現在価値が一致します。割引率が内部収益率よりも低くなると正味現在価値が正となるので，内部収益率は投資実行の境界となる割引率です。第6章で説明した債券の**複利利回り**は，現在の価格で債券に投資した場合の内部収益率にほかなりません。投資による将来キャッシュフローは正確には期待値なので，内部収益率は投資の期待利回りともいえます。

現時点のみで投資が必要な場合，正味現在価値が正であることは内部収益率が割引率よりも高いことを意味します。ただし将来時点

正味現在価値と内部収益率

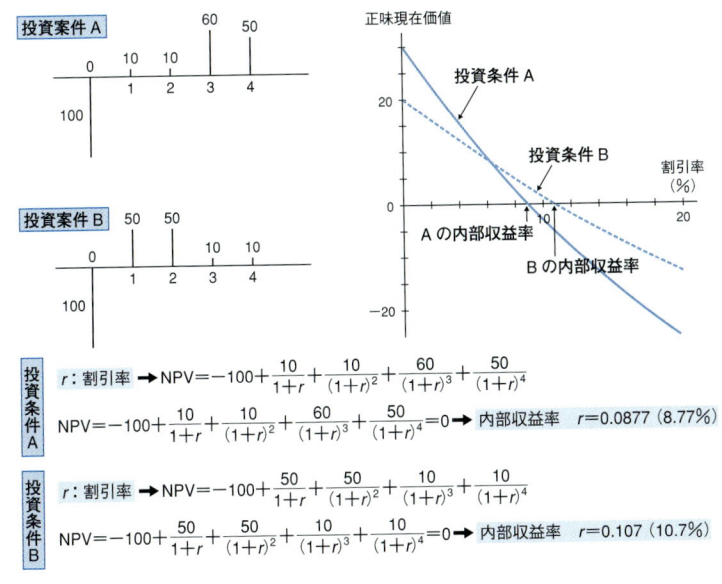

投資条件 A	r：割引率 → $\text{NPV}=-100+\dfrac{10}{1+r}+\dfrac{10}{(1+r)^2}+\dfrac{60}{(1+r)^3}+\dfrac{50}{(1+r)^4}$
	$\text{NPV}=-100+\dfrac{10}{1+r}+\dfrac{10}{(1+r)^2}+\dfrac{60}{(1+r)^3}+\dfrac{50}{(1+r)^4}=0$ → 内部収益率　$r=0.0877$（8.77%）

投資条件 B	r：割引率 → $\text{NPV}=-100+\dfrac{50}{1+r}+\dfrac{50}{(1+r)^2}+\dfrac{10}{(1+r)^3}+\dfrac{10}{(1+r)^4}$
	$\text{NPV}=-100+\dfrac{50}{1+r}+\dfrac{50}{(1+r)^2}+\dfrac{10}{(1+r)^3}+\dfrac{10}{(1+r)^4}=0$ → 内部収益率　$r=0.107$（10.7%）

図 9-6　正味現在価値と内部収益率①

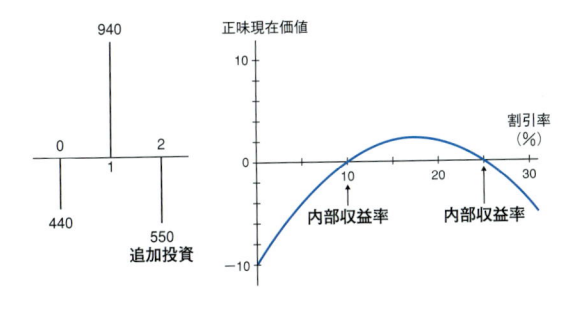

$$\text{NPV}=-400+\dfrac{940}{1+r}+\dfrac{-550}{(1+r)^2}=0 \rightarrow \text{内部収益率}\quad r=0.1,\ 0.25\ (10\%,\ 25\%)$$

図 9-7　正味現在価値と内部収益率②（内部収益率が 1 つに決まらない場合）

に追加投資が必要な場合，内部収益率が一つに決まらないことがあります（図9-7）。

投資案件に優先順位をつける場合，正味現在価値の大きい順と内部収益率の高い順は必ずしも一致しません。図9-6ではキャッシュフローの発生時点が異なる投資案件を比較していますが，内部収益率による投資判断と正味現在価値による投資判断は正味現在価値の計算に用いる割引率が低いときには一致しません。

● 情報の非対称性

債券の信用リスクや株式の価格変動リスクについては，投資家よりも企業自身が正確な情報を持っています（情報の非対称性）。企業のリスクについての情報が不足していれば，投資家は平均的な企業を仮定して要求収益率（資本コスト）を決めるしかありません。平均よりリスクが高い企業もこの資本コストで資金調達しようとしますが，投資家はこれを見分けられず，リスクの高い企業を排除できません。要求収益率を高くしても応じる企業の債券あるいは株式の平均的なリスクはさらに上がり，投資家は負担するリスクに見合った期待収益率を得られません（逆選択）。

外部金融による資金調達において，企業は自らの情報と関連のあるシグナルによって情報の非対称性を解消できます。このときのシグナルは資金運用先としての企業の品質（信用リスクなど）にかかわる情報と関連が深く，資金の出し手である投資家が観察できるものです。意図的に自らの品質と異なるシグナルを出すことも考えられますが，企業にとってこれにより得られる便益よりも費用のほうが大きければシグナルは機能します。たとえば，信用リスクの低い企業を装って大量の社債を発行すると返済できない可能性が高くな

コラム 一括均衡とペッキング・オーダー

　一括均衡では株式も社債も平均値で評価されますが，平均値と真の価値の差は株式のほうが大きくなります。株式が真の価値よりも過大評価されているときに株式で資金調達すると，新株を購入した株主の損失分が既存株主の利益となります。そのため，過大評価されていると認識している企業は株式発行を選びます。逆に，過小評価されていると自認している企業は株式では過小評価の程度が大きくなるため，社債により資金調達します。

　つまり，社債と株式のどちらを発行するかによって，平均による評価が過大評価か過小評価かについての企業の認識が明らかになります。この場合どの企業も，まず社債を限度額まで発行しようとします。一括均衡においては，社債発行が株式発行よりも選好されます。内部金融は情報の非対称性による費用が発生しないので，外部金融である株式・社債よりも選好されます。

　以上をまとめると，まず内部金融，次に社債発行，最後に株式発行という資金調達手段の選好順序（**ペッキング・オーダー**；pecking order）があるといえます。

コラム 配当と自社株買いにおけるシグナリング

　情報の非対称性や取引費用・税金を考慮しなければ（MM命題の仮定），株主は，配当として現金を受け取る一方，株式の価値はその分下落するので，配当によって影響を受けないはずです。また，配当と自社株買いは，株主にとっては配当として現金を受け取るか，保有株の価格が自社株買いにより上昇して含み益が発生するかの違いだけです。

　しかし，経営者が投資家（株主も含む）よりも企業の経営状態についてよく知っていて，株主と経営者の間に情報の非対称性がある場合，配当や自社株買いはシグナルとして機能します。配当については減配すると経営者の責任を問われるため，増配するときはこの配当水準を長期に維持できると経営者が判断していると解釈されます。同様に自社株買いも投資家にとってシグナルとなります。高い株価のときに自社株買いを行うと企業に損失を与えますから，自社株買いにより経営者が現在の株価が割安だと判断していることが投資家に伝わります。このため増配や自社株買いが発表されると，株価は多くの場合，上昇します。

るため，社債の償還額がシグナルとなりえます。このように，シグナルによって異なる品質の企業がその品質に応じた条件で資金調達できる状態を**シグナル均衡**（分離均衡）と呼びます。

　しかし，自らの品質と異なるシグナルを発することで得られる便益がそれによる費用より大きい場合，投資家はシグナルにより企業の品質を判別できません。このとき投資家は各企業を市場に存在する全企業の平均値として評価するしかありません。この場合は逆選択が問題となりますが，これが**一括均衡**です（p.159 コラム参照）。

● 負債のエージェンシーコスト

　ここまでの議論は契約が結ばれる前の問題ですが，契約成立後にも情報の不完全性による問題が生じます。投資家は資金調達後の企業の行動について完全に知ることはできません。契約を結んだ後で借り手が自己の利益を優先して**機会主義的行動**をとり，貸し手の利益が損なわれる状態を**モラルハザード**といいます。資金調達後の情報の不完全性の問題は，依頼人（**プリンシパル**）と代理人（**エージェント**）の利害の不一致から生じる**エージェンシー問題**の一つです。貸借の場合は貸し手が依頼人，借り手が資金の運用を依頼された代理人です。この問題による非効率を防ぐためには，取引条件履行の監視（モニタリング）という**情報生産**が必要です。

　株主と債権者の間には**負債のエージェンシーコスト**と呼ばれる問題があります。貸し倒れのリスクがあるとき投資による収益の増加はまず負債の返済に回され，残りが株主の取り分です。このとき資金調達の方法にかかわらず，投資実行により既存株主の利益は損なわれます。そのため，正味現在価値が正であり本来実行するべき投資案件であっても，企業が既存株主の利益を優先するなら実行され

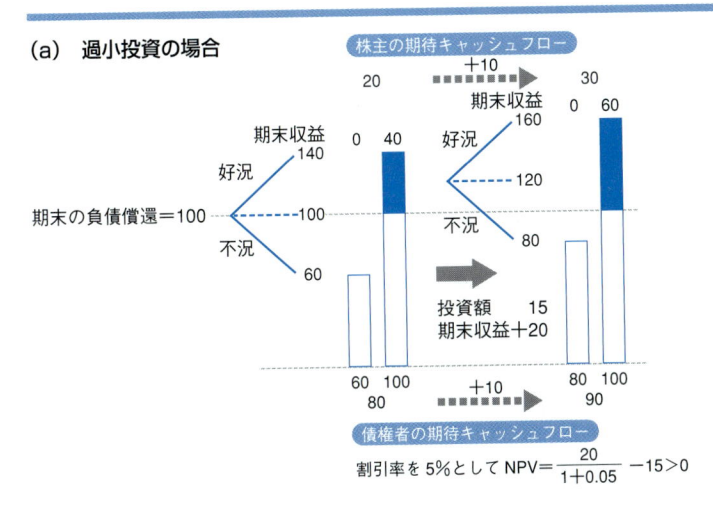

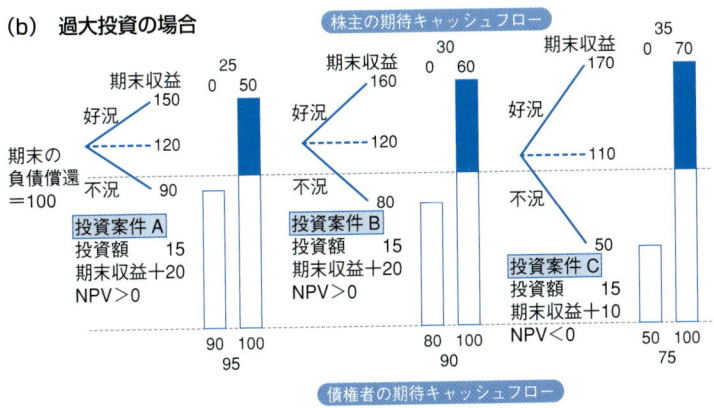

(a) 過小投資の場合

図 9-8 負債のエージェンシーコスト

割引率を5%としてNPV＝$\frac{20}{1+0.05}-15>0$

(b) 過大投資の場合

図 9-8 負債のエージェンシーコスト

（出所） 辻幸民（2002）『企業金融の経済理論』創成社の例より著者作成
(a) では，投資実行により企業収益は 20 増加しますが，債権者の期待キャッシュフローが 10 増えるため，株主の期待キャッシュフローは 10 しか増えません。(b) では，投資案件 A を B に替えるとリスクが高まり，債権者の期待キャッシュフローが株主に 5 だけ移転します。投資案件 C は債権者の期待キャッシュフローが20減る一方，株主の期待キャッシュフローは10しか増えず，正味現在価値が負です。

ないという事態が起こります。この問題は負債の過剰，つまり**デット・オーバーハング**（debt overhang）による**過小投資**と呼ばれます（図9-8 (a)）。

　株主は収益の期待値が等しければ，リスクの高い投資案件を選好します。既存株主の利益を優先するならばリスクの高い投資案件が実行され，債権者の利益を損ないます。収益リスクの小さい資産から大きい資産への**資産代替**ともいわれます。さらにリスクが高ければ，正味現在価値が負の投資も実行して企業価値を損なってしまう可能性があり，**過大投資**の問題が生じます（図9-8 (b)）。

🌐 経営者と株主の間のエージェンシーコスト

　経営者と株主の間にもエージェンシーコストの問題が存在します。経営者は自らの役得のため，あるいは自らの権威を高めるために収益性の低いプロジェクトであっても実行し，過大な投資をする場合があります。対策としては配当・自社株買いや負債に対する返済としてキャッシュフローを強制的に社外に流出させることにより，キャッシュフローから設備投資等を引いて残るフリーキャッシュフローを極力小さくすることが考えられます。しかし，将来のフリーキャッシュフローの大きさを正確に予測することは困難なので，流出させすぎると手元資金が不足する可能性があります。また，ストックオプションを経営者に与えることでも経営者と株主のエージェンシーコストの問題は緩和されます。

🌐 契約の不完備性

　契約を結ぶ際，将来起こりうるすべての状態を数え上げることは事実上不可能です。また，多くの状態を数え上げて，それぞれの状

表 9-2 企業の資金調達

(単位:億円、%)

区分＼年度	2004 年	構成比	2005 年	構成比	2006 年	構成比	2007 年	構成比
資 金 調 達	476,754	100.0	745,814	100.0	632,820	100.0	540,729	100.0
外 部 調 達	△319,678	△67.1	△264,844	△35.5	△140,460	△22.2	△33,378	△6.2
増　資	△169,474	△35.5	△154,128	△20.7	△110,646	△17.5	△102,543	△19.0
社　債	△15,781	△3.3	△10,899	△1.4	△1,331	△0.2	730	0.1
借入金	△134,423	△28.2	△99,816	△13.4	△28,483	△4.5	68,435	12.7
長期	△59,972	△12.6	△57,092	△7.7	18,214	2.9	383	0.1
短期	△74,451	△15.6	△42,724	△5.7	△46,697	△7.4	68,052	12.6
内 部 調 達	796,431	167.1	1,010,657	135.5	773,280	122.2	574,108	106.2
内部留保	360,421	75.6	581,046	77.9	334,227	52.8	129,599	24.0
減価償却	436,010	91.5	429,612	57.6	439,053	69.4	444,508	82.2

1. 増資は資本金、資本準備金及び新株予約権の調査対象年度中の増減額
2. 短期借入金には受取手形割引残高を含む
3. 内部留保は利益留保、引当金、特別法上の準備金、その他の負債（未払金等）の調査対象年度中の増減額。ただし、企業間信用差額「（受取手形＋売掛金＋受取手形割引残高）−（支払手形＋買掛金）」の調査対象年度中の増減額の値が負の場合は内部留保に含む。利益留保はその他資本剰余金、利益剰余金、その他（土地の再評価差額金、金融商品に係る時価評価差額金等）、自己株式の調査対象年度中の増減額
4. 減価償却には特別減価償却を含む
5. 上記計数は金融業・保険業を除く：郵政5社を除く

(出所) 財務省「平成19年度法人企業統計調査」

コラム　減価償却費

　工場の機械や営業所の備品は、1年以内に購入したものばかりではありません。長期間にわたって使用可能な設備の購入費用を購入した期に全額計上すると、それ以外の期は費用なしでこの設備が利用できるとした損益計算になります。

　たとえば5年間使用できる設備を1,000万円で購入した場合、この費用を購入年に全額計上すると、購入年は収益が悪化し、2年目以降は逆に費用が急減して収益が改善します。これでは損益計算書から収益構造を正しく把握できません。また、今後この設備から得られる収益の合計、つまり企業にとっての資産価値も耐用年数が近づくにつれて小さくなります。そこで当初1,000万円の設備が、たとえば毎年200万円ずつ価値を落とす（減価する）と考えて、減価分を費用として計上します（定額法の場合）。これが減価償却という考え方です。

態に対して適切な契約条項を現在時点で決定することも現実的ではありません。

たとえば返済不能に陥った場合に，破産手続きをとるか債務繰り延べなどで企業存続を図るかについて，契約締結時に定めておくのは難しいでしょう。このような，起こりうるすべての場合について記述されていない契約を**不完備契約**と呼びます。不完備契約に対しては，将来のある時点で**再交渉**する必要が生じます。そのため，現実の融資においては，再交渉が容易にできるようにしておくことが重要となります。株式市場，債券市場の不特定多数の投資家から直接金融で資金調達した場合よりも，金融機関からの相対取引の形で資金調達した場合のほうが再交渉は容易です。

● 証 券 化

住宅ローン債権，売掛債権，賃貸用不動産など安定的に将来のキャッシュフローが見込める資産を保有者から切り離し，その資産を裏付けにした証券を発行することを**証券化**といいます（**図9-9**，**図9-10**）。資産を担保にした貸出と異なり，資産をSPV（Special Purpose Vehicle；特定目的事業体）に譲渡することで資産の保有者（**原債権者**あるいは**オリジネーター**と呼びます）が倒産したときに原債権者の債権者に資産を処分されることを防ぎます（**倒産隔離**）。さらに資産を売却する場合とは異なり，小口化してリスクの異なる証券にすることで流動性が増し，より多くの投資家から資金調達できます。

SPVが原債権を購入する代金は，原債権を裏付けとして発行される証券の発行代金によって賄われます。原債権から得られたキャッシュフローを優先劣後構造に従って優先順位の高い部分から順に充

証券化　　　165

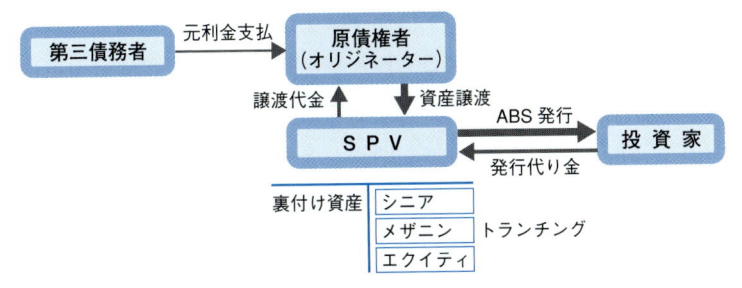

図 9-9　証券化の仕組み

原債権者は多くの場合，資産を譲渡した後も SPV に委託されたサービサーとして原資産から得られるキャッシュフローの回収業務を行います。ABS は償還順位によって最上位のシニア債（格付けが AAA），中位のメザニン債（AA～BBB），最下位のエクイティ債（BB～格付けなし）という階層（トランシェ）に分けられます。メザニン債を集めて再証券化して CDO を組成すると，償還順位が上の部分については裏付けとなるメザニン債よりも高い格付けを取得できます。

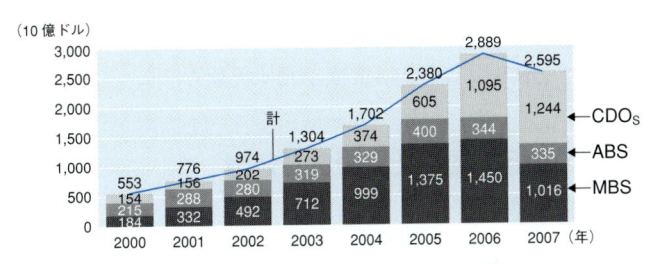

図 9-10　米国の証券化市場規模の推移
（出所）「通商白書」2009 年

表 9-3　裏付け資産による証券化商品の分類

証券化商品	裏付け資産
ABS (Asset Backed Securities)	リース料債権等
MBS (Mortgage Backed Securities)	不動産
CDO (Collateralized Debt Obligations)	負債・証券化商品
REIT (Real Estate Investment Trust)	不動産ポートフォリオ

当していくことで，投資家の需要に合わせてリスクの異なる証券を発行することができます（**トランチング**）。

また，裏付け資産として貸し倒れ発生についての相関が低い原資産を集めることで，分散投資の効果による個別リスク（アンシステマティック・リスク）の軽減が期待できます。

金融機関は貸出債権を証券化して投資家に販売することで，貸出先に関する情報生産の対価としての手数料収入を得ることができ，貸出の信用リスクを証券化商品の投資家に負担させることができます。これにより金融機関は保有債権のリスク分散に制約されず，情報生産に特化することが可能です。しかし，証券化商品を組成する側がリスクを負担しないことにより，購入する側との間で情報の非対称性による問題が生じる場合もあります。近年，わが国においても複数の金融機関が同一の条件・契約書により貸出を行うシンジケート・ローンが主流となり，債権の売却が容易になっています。

● 企業の資金調達のための参考知識

①貸借対照表

貸借対照表（B/S；Balance Sheet）は，企業がある時点においてどのように資金を調達し，調達した資金をどのように運用しているかを示しています（表9-4）。資金の**調達元**は**負債・純資産の部**として右側（**貸方**）に記載されます。調達した資金は概ね上から返却期限が早い順に記載されます。返済期限が1年以内の負債を**流動負債**，1年を超える負債を**固定負債**といいます。**短期借入**と**長期借入**も1年を境とします。

調達した資金の**使途**，**運用先**は**資産の部**として左側（**借方**）に記載されます。資産は概ね上から現金化しやすい順に記載されます。

表9-4 貸借対照表

貸借対照表
平成○○年○月○○日現在

資産の部	負債の部
流動資産 　現金・預金 　受取手形・売掛金 　棚卸資産 　　商品・仕掛品・原材料 固定資産 　有形固定資産 　　建物・機械・土地等 　無形固定資産 　　特許権・営業権・借地権等 　投資その他の資産 　　子会社株式・出資金 繰延資産 　創立費・開発費	流動負債 　支払手形・買掛金 　短期借入金 固定負債 　社債 　長期借入金 　退職金給付引当金
	負債合計
	純資産の部
	株主資本 　資本金 　資本剰余金 　　資本準備金（法定準備金） 　　その他資本剰余金 　利益剰余金 　　利益準備金（法定準備金） 　　任意積立金 　　繰越利益剰余金 　　自己株式帳簿価額等 評価・換算差額等 新株予約権 少数株主持分（連結の場合）
資産合計	負債・純資産合計
借方	**貸方**

未払金は，買掛金と同じく信用取引ですが，買掛金は商品売買などの営業取引で，固定資産の購入などその他の取引の場合は未払金といいます。預り金は，将来払うべき所得税などを源泉徴収して納税時期まで一時的に会社が預かっているものです。売掛金は，掛け売りして受け取っていない代金です。掛けで買った側にとっての買掛金は負債です。信用授受の一種として企業間信用と呼ばれます。

原材料や仕掛品などが製品となって販売され，代金を回収するという正常営業循環の中にある資産は流動資産に分類されます。これに対して営業循環の過程にない営業所・工場の機械・設備・土地などが固定資産です（営業循環基準）。営業循環基準で区別できない場合は1年以内に現金化できるものを流動資産，1年を超えるものは固定資産とします。

　貸借対照表と損益計算書を用いて企業の安定性・収益性・効率性などを分析できます（財務諸表分析；表9-5，表9-8参照）。

　連結財務諸表は企業集団全体の業績を表します。親会社が株主総会等の意思決定機関を支配している会社（支配力基準）を子会社，財務・営業等に関して重要な影響を与えることができる会社（影響力基準）を関連会社といいます。子会社に対しては，原則として親会社の子会社に対する出資（投資）と子会社の資本を相殺し，親子間の取引および債権債務を相殺します（連結手続き）。子会社の資本のうち親会社以外が保有する部分（少数株主持分）は相殺されず，連結貸借対照表の純資産に残ります。関連会社の場合は，当期純利益のうち親会社の持分割合相当額を連結の損益計算書に記載し，貸借対照表でも関連会社に対する出資の評価額をその分増やします（持分法）。

　株主資本のうち，株主からの出資金が資本金と資本剰余金です。これに対して，各期の税引後純利益を累積したものが利益剰余金です。繰越利益剰余金とその他資本剰余金は，配当あるいは自社株買いの原資となります。利益準備金・資本準備金は，配当・増資に際して積み立てが強制されている法定準備金です。増資の際には発行価額総額の半分以上を資本金，残りを資本準備金とします。法定準備金総額が資本金の4分の1に達するまでは，配当金の10分の1を

表9-5　財務諸表分析（安定性）

$$株式資本比率 = \frac{株主資本}{総資産} \quad 高いほうが安定$$

〈負債の返済能力〉

$$流動比率 = \frac{流動資産}{流動負債} \quad 高いほうが安定$$

$$当座比率 = \frac{当座資産}{流動負債} \quad 高いほうが安定 \quad （注）当座資産：現金・預金, 受取手形, 売掛金等$$

〈設備投資資金の調達方法〉

$$固定比率 = \frac{固定資産}{株主資本} \quad 低いほうが安定$$

$$固定長期適合率 = \frac{固定資産}{株主資本＋少数株主持分＋長期負債} \quad 低いほうが安定$$

表9-6　株主資本等変動計算書

株主資本等変動計算書

	株主資本						評価・換算差額等	新株予約権	少数株主持分（連結の場合）
	資本金	資本剰余金		利益剰余金			自己株式		
		資本準備金	その他資本剰余金	利益準備金	任意積立金	繰越利益剰余金			
前期末残高									
当期変動額									
新株の発行									
剰余金の配当									
当期純利益									
自己株式の処分									
そのほかの変動要因									
株主資本以外の項目当期変動額（純額）									
当期変動額合計									
期末残高									

利益準備金あるいは資本準備金として積み立てることが義務づけられています。**株主資本等変動計算書**には株主資本の期間中の変動額を変動事由ごとに区分して記載します（**表9-6**）。

資産・負債を評価する際に過去に取得した価格で評価する場合を**原価会計**，評価時点の時価を用いる場合を**時価会計**と呼びます。**時価（公正価値）** とは公正な評価額をいい，市場において取引された価格，市場価格がない場合には，合理的に算定された価格をいいます。わが国では有価証券とデリバティブについては公正価値を開示する必要があり，有価証券はコラムのように保有目的に応じて評価方法が異なります。

金融資産を除く固定資産については，収益性が著しく低下したとき，その評価を回収可能額（売却代金）と使用価値のうちの大きいほうにまで減額し，減額分を損失として計上します。これを**減損会計**と呼びます。時価会計とは異なり，帳簿価格より評価額が上がっても評価益は計上できません。

②損益計算書

貸借対照表は一時点におけるストックを表していますが，損益計算書，キャッシュフロー計算書はある期間に対するフローを表しています。

損益計算書（P/L；Profit and Loss statement）は，ある期間の売上げに対して各種費用を差し引いて利益を計算します（**表9-7**）。損益計算書では期間中に代金が未回収であっても売上げに，代金が未払いであっても費用に計上します。これを**発生主義**といいます。

売上高から**売上原価**を引くと**粗利**(あらり)になります。さらに**販売費及び一般管理費**を引いて**営業利益**が算出されます（製造部門の**人件費**は売上原価，販売・総務・経理などの部門の人件費は販売費及び一般

コラム　有価証券の評価（時価会計）

　売買目的有価証券は毎期，時価に評価替えして貸借対照表に計上し，前期との差額は損益計算書の営業外収益あるいは費用に計上します。満期まで保有する意図をもって保有する（**満期保有目的**）債券は，時価による評価替えは行わず，額面と取得価格の差額を残存期間で按分して，毎期取得原価に加減した償却原価を額面に近づけていきます。子会社および関係会社の株式も取得原価のまま時価は反映しません。それ以外の有価証券では評価益は貸借対照表の純資産の部に計上します。評価損については，同じく純資産に計上する方法と損益計算書に計上する方法があります。

　売買目的有価証券以外の有価証券は，時価での評価替えをされませんが，時価が取得価格の50％程度下落した場合など，著しく下落して回復の見込みがない，あるいは不明の場合には強制的に時価評価となります。このときの評価が下がった分（減損分）は特別損失となります。市場価格のない有価証券でも実質価額が著しく低下した場合は同様の措置がとられます。

表9-7　損益計算書

（金融機関以外の場合）	（金融機関の場合）
売上高	＋経常収益
−売上原価	資金運用収益（受取利息等）
売上総利益（粗利）	役務取引等収益（手数料等）
−販売費及び一般管理費	−経常費用
営業利益	資金調達費用（支払利息等）
＋営業外収益（受取利息，受取配当金等）	役務取引等費用
−営業外費用（支払利息等）	営業経費
経常利益	経常利益
＋特別利益（固定資産売却益等）	＋特別利益（固定資産売却益等）
−特別損失（固定資産売却損，災害損失等）	−特別損失（固定資産売却損，災害損失等）
税引前当期純利益	税引前当期純利益
−法人税等	−法人税等
−少数株主持分（連結損益計算書の場合）	−少数株主持分（連結損益計算書の場合）
当期純利益	当期純利益

管理費に含まれます）。営業利益は企業の本業による利益です。ここから本業以外の収益と費用である営業外収益，営業外費用を加減算すると企業の経常的な利益である経常利益が計算されます。借入や社債に対する利息の支払いも営業外費用に含まれます。ただし，金融機関の場合は利息の受取りや支払いが本業なので，これらも含めて業務純益というカテゴリが作られています。さらに，自然災害による損失や固定資産の売却による利益あるいは損失といった経常的ではない臨時の損益が特別利益・特別損失で，これらを算入すると税引前当期純利益となります。税引前当期純利益から法人税等を支払い，残った（税引後）当期純利益が株主の取り分です。株主資本利益率（ROE）はこの当期純利益を株主資本で割ったものです（表9-8）。

　このように企業の収益はまず債権者，次いで国，株主に分配されます。ただし，収益が大きくなっても債権者に対して支払う利息は変わりません。債権者に払う利息も含む費用を払った上で残った税引前当期純利益が，税率に応じて株主と国に分配されます。

③キャッシュフロー計算書

　損益計算書は発生主義なので，売買の契約が結ばれた時点で代金を計上します。未回収の売掛金なども売上げに入っているため損益計算書では黒字となっていても資金繰りに行き詰まる，勘定合って銭足らずという事態があります（このために倒産することがいわゆる黒字倒産です）。また減価償却の方式は国によって異なります。企業業績を国際比較する場合に国ごとの税制の違いに左右されない現金，つまりキャッシュを比較することが必要となります。発生時点に計上される損益計算書とは異なり，キャッシュフロー計算書では現金の支払い，回収時点に計上されます。

表9-8 財務諸表分析（収益性，効率性）

〈収益性〉

$$売上高営業利益率 = \frac{営業利益}{売上高}$$

$$売上高経常利益率 = \frac{経常利益}{売上高}$$

$$売上高当期純利益率 = \frac{当期純利益}{売上高}$$

〈効率性〉

$$総資産回転率 = \frac{売上高}{総資産}$$

$$株主資本回転率 = \frac{売上高}{株主資本}$$

〈収益性と効率性〉

$$総資産利益率（\text{ROA ; Return On Assets}）= \frac{当期純利益}{総資産} = \frac{当期純利益}{売上高} \cdot \frac{売上高}{総資産}$$
$$= 売上高当期純利益率 \times 総資産回転率$$

$$株主資本利益率（\text{ROE ; Return On Equity}）= \frac{当期純利益}{株主資本} = \frac{当期純利益}{売上高} \cdot \frac{売上高}{株主資本}$$
$$= 売上高当期純利益率 \times 株主資本回転率$$

キャッシュフロー計算書（CF計算書；**表9-9**）におけるキャッシュとは，現金および現金同等物のことです。ここで現金は手元現金と要求払い預金（当座預金，普通預金，通知預金）を指しています。そして，現金同等物は容易に換金可能であり，かつ価値の変動について僅少なリスクしか負わない短期投資（3カ月以内の短期投資である定期預金，譲渡性預金（CD），コマーシャル・ペーパー（CP），受戻し条件付現先，公社債投信など）です。

企業の保有するキャッシュは営業，財務，投資の3つの活動によって増減します。営業活動は企業の本業です。投資活動は固定資産や有価証券の取得・売却です。財務活動は負債・資本による資金調達とそれに対する元利返済，配当金の支払い等です。

営業キャッシュフローは**表9-9**のように税引前当期純利益に減価償却費・買掛金・売掛金などキャッシュを伴わない項目を加減算し，さらに受取利息，支払利息などの財務活動に分類される部分を調整して求められます（間接法）。

表9-9　キャッシュフロー計算書の概要

営業活動からのキャッシュフロー（間接法）
税引前当期純利益（＋） 　　減価償却費（＋）（損益計算書から） 　　貸倒引当金の増加額（＋）（貸借対照表から） 　　受取利息及び受取配当金（－）（損益計算書から） 　　支払利息（＋）（損益計算書から） 　　売掛金（売上債権）の増加額（－）（貸借対照表から） 　　買掛金（仕入債務）の増加額（＋）（貸借対照表から） 　　　小計 　　利息及び配当金の受取額（＋）（実際のキャッシュでの受取額） 　　利息の支払額（－）（実際のキャッシュでの支払額） 　　法人税の支払額（－）
投資活動からのキャッシュフロー
有形固定資産の取得による支払（－） 　　有形固定資産の売却による収入（＋） 　　投資有価証券取得による支出（－） 　　投資有価証券売却による収入（＋）
財務活動からのキャッシュフロー
新規借入れによる収入（＋） 　　借入金の返済による支出（－） 　　社債の発行による収入（＋） 　　社債の償還による支出（－） 　　株式の発行による収入（＋） 　　自己株式の取得による支出（－） 　　配当金支払（－）
現金及び現金同等物の純増
現金及び現金同等物の期首残高
現金及び現金同等物の期末残高

■ 本章のまとめ

- 企業の資金調達方法には，内部留保・減価償却費を用いる内部金融と借入・社債・株式を用いる外部金融があります。
- モディリアーニ=ミラーの定理によると，取引費用や税金を考慮せず情報の非対称性がないと仮定すると，自己資本比率は企業価値に影響を与えません。負債を大きくすると，レバレッジ効果により自己資本に対する利回りは高くなりますが，株式のリスクも高くなり，それに応じて資本の要求収益率が高くなるため，全体の資本コストは変わりません。税金を考慮すると負債比率を高めるほど節税効果により企業価値を大きくできますが，負債を増やしすぎると倒産の危険が高くなります。
- 正味現在価値が正の投資案件のみを実行することにより，企業価値は増加します。内部収益率は正味現在価値がゼロになる割引率です。正味現在価値による投資判断と内部収益率による投資判断は，一致しない場合もあります。
- 企業の資金調達においては，情報の非対称性により逆選択が生じる可能性があります。シグナルが機能してシグナル均衡となる場合もありますが，シグナルが機能せずに一括均衡となった場合は，内部金融，債券，株式というペッキング・オーダーが生じます。さらに，資金調達後の情報の非対称性によりモラルハザードとエージェンシー問題が生じます。債権者と株主の間のエージェンシー問題においては，資産代替による過大投資，デット・オーバーハングによる過小投資の可能性が生じます。株主と経営者の間にもエージェンシー問題があります。
- 証券化は資産を用いた資金調達の一つです。原債権はSPVへの譲渡により原債権者から倒産隔離されます。この原債権を裏付けとして，優先劣後構造により，リスクの異なる証券が発行されます。

第10章
デリバティブ

🌐 デリバティブとは

　デリバティブ（derivative）は，**派生商品**とも訳されるように，**原資産**（underlying asset）にもとづいて価値が決まる契約です（**表10-1，図10-1**）。穀物を原資産とする先物取引は古くから行われ，わが国においては江戸時代（18世紀）から帳合米取引が行われています。原資産は貴金属，鉱産物などから1970年代に通貨・株式・債券などの金融資産に広がり，近年は気温・降水量などの天候データを原資産としたデリバティブも取引されています。

　デリバティブを用いることで**リスク**を切り離して売買できます。デリバティブはリスクを回避するヘッジのために用いられる一方，リスクを負担することでリターンの可能性を追求する投機にも利用されます。また，現物よりも取引費用が低く，多くの市場参加者を集めることで適正な価格が迅速に成立するという価格発見機能に優れています。現物価格はデリバティブ価格と一定の関係があり，そこから乖離すると裁定取引が行われます。天候・地震デリバティブのように原資産が取引できない場合を除けば，原資産の取引と資金の貸借などでデリバティブを複製でき，デリバティブの価格は複製との間で裁定取引ができない水準に決まります。

　デリバティブを用いて投資家のリスク選好に応じてリスクを再配分することで，社会全体としてのリスク負担能力が高まることが期待できます。リスクを取引することで各投資家，あるいは金融機関が相関の低いリスクを自らのポートフォリオとして保有するようにできれば，**分散投資**の効果によりリスクが軽減されます。ただし，国・地域全体における不動産価格下落，世界的不況など分散できない**システマティック（市場）・リスク**は残ります。この部分については移転させることはできますが社会全体でリスクの総量は不変です。

表10-1 デリバティブの歴史

年	出来事
1620〜30年	大坂で米の先渡し取引開始
1730年	大坂で堂島米相場会所設置，世界初の先物取引が開始
1848年	シカゴボードオブトレード（CBOT）設立
1870年	ニューヨーク綿花取引所（NYCE）設立
1872年	ニューヨーク・バター・チーズ取引所（ニューヨーク商業取引所（NYMEX）の前身）設立
1874年	シカゴ製品取引所（シカゴ商業取引所（CME）の前身）設立
1877年	ロンドン金属取引所（LME）設立
1972年	CMEにおいて世界初の金融先物取引開始
1973年	CBOTがシカゴオプション取引所（CBOE）を設立
1980年	ロンドン国際石油取引所（IPE）設立
1982年	ロンドン国際金融先物取引所（旧LIFEE）設立
1985年	東京証券取引所，国債先物上場で国内初の金融先物取引開始
1988年	東京・大阪証券取引所で株価指数先物取引の開始
1989年	東京金融先物取引所（TIFEE）設立
1996年	NYMEX電力先物取引開始

(出所) 宇佐美洋（2000）『入門先物市場』東洋経済新報社，p263-266，先物年表より抜粋

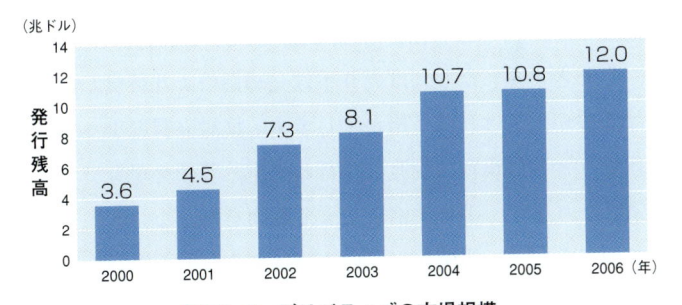

(兆ドル)

年	発行残高
2000	3.6
2001	4.5
2002	7.3
2003	8.1
2004	10.7
2005	10.8
2006	12.0

図10-1 デリバティブの市場規模
(出所) 経済産業省「平成20年版通商白書」

先物取引

　将来，ある商品を売るあるいは買う予定の企業は，価格変動リスクに直面しています。このリスクに対処するため，将来のある時点（期日）に現時点で決めた価格で商品を売買するという契約をすることがあり，これを**先渡し契約**といいます。期日には契約した価格で商品を売買して決済します。先渡し契約は取引相手との相対の契約であり，相手が期日前に倒産などして契約が不履行となるリスク（カウンターパーティリスク）があります。また，現在の取引相手以外の相手を見つけるには費用がかかります。そのため，契約を途中で解除したい場合には，契約相手と交渉する必要があります。

　そこで一つの商品について売り手，買い手を取引所に集めて取引を成立させる**先物取引**が生まれました。商品の種類・品質を**標準化**し，期日を設定することで一つの銘柄・期日に対して多数の注文が取引所に集まります。売り手は現物，買い手は購入代金を現時点で用意する必要はなく，**証拠金**を取引所に預けるだけです。証拠金額は多くの場合，市場参加者ごとに保有するポートフォリオのリスクから算出します。

　先渡しとは異なり，期日前に当初と逆の取引（反対売買，転売と買戻し）もできます。たとえば売り手は売却価格より買戻し価格が低ければ差益が，高ければ差損が生じます。反対売買によって期日前に手仕舞うときは現物の受渡しは行われず，差額を現金で支払う**差金決済**となります。差金決済によって現物を持たない非当業者も容易に参加できます。損失が出ている側による契約不履行を防ぐため，毎日その日の終値(おわりね)で各投資家の損益を計算し（**値洗い**），損失が出た場合は証拠金から控除していきます。証拠金が必要額を下回ると反対売買をして手仕舞うか，証拠金を追加しなければなりません。

先物取引

コラム　建　玉

反対売買されていない未決済の取引残高を，建玉（たてぎょく）と呼びます。一つの銘柄について売り建玉と買い建玉は一致します。一日の取引は新たに売買される新規買い・新規売りと前日から持ち越された建玉を解消する反対売買である買戻し・転売に分けられます。

買い建玉＝前日の買い建玉＋新規買い－転売
売り建玉＝前日の売り建玉＋新規売り－買戻し
買い建玉＝売り建玉＝取組高
　出来高＝新規売り＋転売＝新規買い＋買戻し

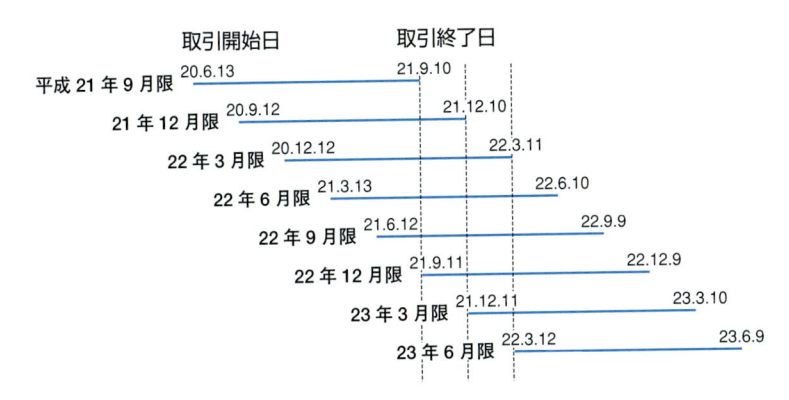

```
                取引開始日          取引終了日
平成21年9月限   20.6.13            21.9.10
  21年12月限     20.9.12                 21.12.10
  22年3月限       20.12.12                     22.3.11
  22年6月限           21.3.13                       22.6.10
  22年9月限             21.6.12                          22.9.9
  22年12月限               21.9.11                            22.12.9
  23年3月限                   21.12.11                             23.3.10
  23年6月限                       22.3.12                                23.6.9
```

図 10-2　限月取引：日経平均先物（大阪証券取引所）の場合

先物取引において契約を最終的に終了する月のことを限月（げんげつ）といい，取引は限月ごとに行われます。限月ごとに納会日（取引最終日）が決められ，それまでに反対売買で決済されなかった取引は現物の受渡しにより決済されるか，差金決済されます。

ヘッジと投機

現物の取引が将来時点 T に予定されている場合，将来の価格 S_T は不確実ですが，先物取引を使うと価格を現時点 t の先物価格 F_t に確定できます。現物の受渡しではなく差金決済する場合も，満期時の先物価格 F_T は現物価格 S_T と一致するので差金決済のうち現物の代金 S_T が相殺されて，現時点の先物価格 F_t で売買した場合と同じ損益になります。将来購入する場合は差金決済の損益は $F_T - F_t = S_T - F_t$，現物の購入代金は S_T なので計 F_t の支払い，売却する場合差金決済の損益は $-F_T + F_t = -S_T + F_t$，現物の売却代金は S_T なので合計 F_t の受取りです。

先物を使うことによって，現物取引における損益と先物取引における損益が相殺されて現時点の先物価格で固定されます。将来，価格が上がっても収入は増えない代わりに，価格が下がっても収入が減少しません。これを ヘッジ と呼びます。現時点において価格が確定するのでリスクがなくなりますが，これは損失の可能性がなくなると同時に収益を得る機会もなくなることを意味します。

将来，仕入や出荷を予定している業者（当業者）以外が価格変動を予想して売買差益を得ようとする行為を 投機 （スペキュレーション）と呼びます。現物取引でも投機は可能ですが，商品の場合は保管費用がかかり，当業者以外が売買することは困難です。しかし，先物であれば小口で投資家が売買できます。さらに現物取引であれば，買う場合には購入代金，売る場合には現物が必要ですが，先物取引では売買どちらでも証拠金のみが必要となります。このように，自己資金より大きな取引ができることを レバレッジ （梃子）が高いといいます。投機目的の売買によって市場参加者が増えると売買高が増加し，流動性が増すため，市場の価格発見機能が向上します。

コラム　株価指数先物を用いたヘッジ取引の例

時価が20億円で、TOPIXに対するベータが0.6の株式ポートフォリオを保有しているとします。TOPIXが1％上昇するとこのポートフォリオは平均的には0.6％上昇します。現時点のTOPIXが1200ポイントとするとTOPIX先物では1ポイントが1万円なので、先物を20億円×0.6÷1,200万円＝100枚売ります。TOPIXが5％下落したとき、過去の経験からは株式ポートフォリオは約5×0.6＝3％下落して約6,000万円の損失が出ます。一方でTOPIXは1200から60ポイント下落しているため、TOPIX先物の差金決済で1枚あたり60万円、100枚で6,000万円の利益が出て現物株式の損失を相殺できます。

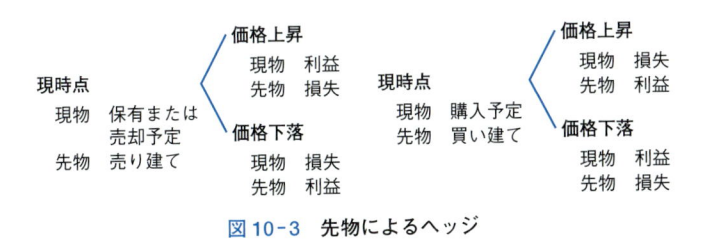

		価格上昇			価格上昇
		現物　利益			現物　損失
		先物　損失			先物　利益
現時点			現時点		
現物	保有または売却予定	価格下落	現物	購入予定	価格下落
先物	売り建て	現物　損失	先物	買い建て	現物　利益
		先物　利益			先物　損失

図 10-3　先物によるヘッジ

コラム　信用取引

信用買いは、証券会社に預けた委託保証金を担保に借りた資金で株式を買うことです。信用売りでは、逆に委託保証金を担保にして株式を借りて売ります。品貸し料として貸株金利がかかります。保証金率は約30％で約3倍のレバレッジがかかりますが、先物とは異なり現物市場における取引です。

この借入れた資金で現物を買うという取引は実質的には、先物の買いと同じ取引になることは次ページの裁定取引と先物の理論価格で説明します。

裁定取引と先物の理論価格

先物価格が現物価格に比べて高すぎる場合，先物を売って現物を買うことで裁定取引が可能です（図10-4）。購入資金を借り入れて現物をS_t円で購入し，先物をF_t円で売り建てます。先物の満期時にはこの現物をF_t円で受け渡すことになります。現物をS_T円で売り，先物を$F_T - F_t = S_T - F_t$円で差金決済しても同じく$S_T - (S_T - F_t) = F_t$円の収入となります。この売却代金で借入を返済して期間中の現物保有にかかわる費用を引いて残りがあれば，この利益は満期時点の原資産価格S_Tに関係なく現時点で確定しています。つまりリスクなしに利益が得られる裁定取引です。

ここで，期間中の現物購入資金に対する金利負担と現物保有にかかわる費用を足し，現物保有による収益を差し引いたものを**持越し費用（キャリーコスト）**と呼びます（表10-2参照）。さらに実際には取引手数料・税金，証拠金についても考慮する必要があります。現物価格とキャリーコストの和よりも先物価格が高いとき，投資家はこの裁定機会を利用しようと先物を売り，現物を買うので先物価格が下落，現物価格が上昇します。その結果，先物価格が現物価格とキャリーコストの和に等しくなると裁定機会は消失します。

原資産を保有している投資家には，先物価格が現物価格とキャリーコストの和より小さい場合に裁定機会があります。現物を売却し，売却代金を運用し，同時に先物を買い建てます。満期まで運用した元利金とその期間現物を保有しなかったことにより浮いた保管費用の合計は，約定した先物価格で現物を購入する代金を上回り，現物は手元に戻ります。このように，先物の理論価格は双方向の裁定機会がない「無裁定」という条件から現物価格とキャリーコストの和になります。

図 10-4　先物の裁定取引

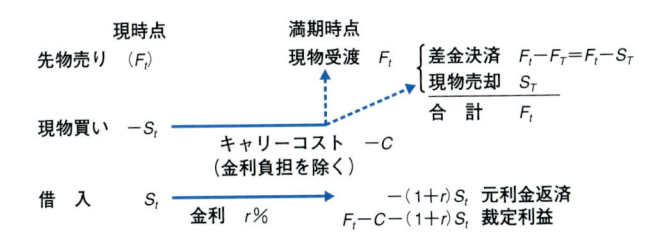

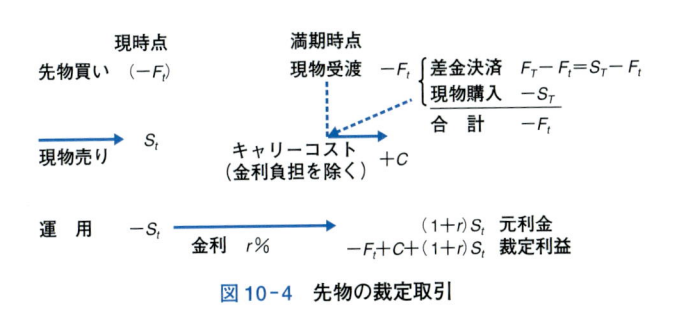

[上図：先物売り＋現物買いの裁定]

- 現時点：先物売り (F_t)、現物買い $-S_t$、借入 S_t（金利 $r\%$）
- 満期時点：現物受渡 F_t
  - 差金決済 $F_T - F_T = F_t - S_T$
  - 現物売却 S_T
  - 合計 F_t
- キャリーコスト $-C$（金利負担を除く）
- $-(1+r)S_t$ 元利金返済
- $F_t - C - (1+r)S_t$ 裁定利益

[下図：先物買い＋現物売りの裁定]

- 現時点：先物買い $(-F_t)$、現物売り S_t、運用 $-S_t$（金利 $r\%$）
- 満期時点：現物受渡 $-F_t$
  - 差金決済 $F_T - F_t = S_T - F_t$
  - 現物購入 $-S_T$
  - 合計 $-F_t$
- キャリーコスト $+C$（金利負担を除く）
- $(1+r)S_t$ 元利金
- $-F_t + C + (1+r)S_t$ 裁定利益

表 10-2　キャリーコストの内訳

キャリーコスト	＋	－
商品先物	現物購入資金の金利負担 現物の保管料・保険料・受渡場所への運賃	コンビニエンス・イールド（原資産保有による利便性[*]）
株式先物 株価指数先物	現物購入資金の金利負担	受取配当
債券先物	現物購入資金の金利負担	受取利息

[*] 品不足の可能性があるときは大きく、在庫が十分なときは小さくなる

🔵 オプション

　オプションとは，原資産を将来のある一定時点（消滅日；expiration date），またはそれ以前にあらかじめ定められた価格（行使価格；exercise price）で買う権利（**コール**；calls），または売る権利（**プット**；puts）をいいます（**図10-5**）。消滅時にしか権利を行使できないものを**ヨーロピアン**，それ以前のいつでも権利を行使できるものを**アメリカン**と呼びます。

　先物では買い手と売り手の双方に契約を履行する義務がありますが，オプションは権利なので行使するかどうかはオプションの保有者（権利の買い手）が選択します。買い手は自分に有利なときだけ権利行使し，不利なときは権利を放棄します。原資産の価格が行使価格よりも高ければコールの買い手は時価よりも安い価格で買えるので権利を行使し，時価と行使価格の差額を得ます。逆に時価よりも行使価格が高ければ権利を行使すると損失が生じるので，放棄します。オプションの売り手は権利行使に応じる義務があるので最初に権利の代金としてオプション価格（プレミアム）を受け取りますが，その後は損失を被るか損益ゼロです。取引所で取引されているオプションについては，先物と同様に満期までに反対売買して差金決済することも可能です。

　オプションにおける買い手と売り手はリスクが非対称です。オプションの買い手はプレミアム以上の損失は被りません。これに対して，コールの売り手は損失に上限がなく，プットの売り手は最大で行使価格分の損失（原資産価格がゼロになった場合）を受けます。オプションの売り手は原資産の価格変動リスクを引き受け，その対価としてオプションの代金を受け取ります。このため，オプション取引で証拠金を預託する必要があるのは売り手だけです。

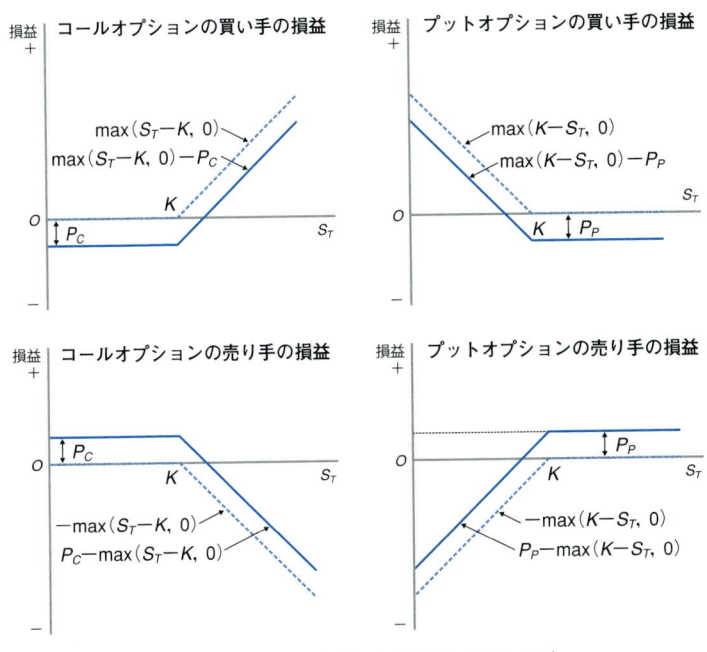

図 10-5　コールとプットの損益（ペイオフ）

P_C はコールオプションの価格，P_P はプットオプションの価格，K は行使価格，S_T は満期時点の原資産価格です。$\max(a, b)$ は a と b のうち大きいほうです。

コラム　ストックオプション

新株予約権もオプションの一種です。個別株オプションの場合，権利行使されても市場に流通する株式数は変化しませんが，新株予約権の場合は，新株が発行されるので株式が希薄化します。

新株予約権を自社の取締役・従業員などに無償で与えることを**ストックオプション**と呼びます。株価を上げると自らの利益になるため，インセンティブになります。また，経営者を株主にすることで株主と経営者のエージェンシー問題を緩和します。通常の給与・賞与と異なり，現時点でキャッシュは流出しませんが，ストックオプションの価値を2項モデルなどで計算して費用計上します。

オプションの価値

コールオプションについて，原資産価格 S が行使価格 K を上回っているとき（$S>K$）には，現時点で権利行使すると時価よりも安い行使価格で買うことができ，差額が収益になります。この部分がオプションの**本源的価値**です。この状態を**イン・ザ・マネー**（ITM；In The Money）と呼びます。原資産価格が行使価格を下回っているとき（$S<K$）は現時点では行使されず，オプションの本源的価値は 0 です。このような状態を**アウト・オブ・ザ・マネー**（OTM；Out of The Money）といいます（図10-6）。

プットの場合はコールと逆に原資産価格が行使価格を上回っているとき（$S>K$），本源的価値はゼロ，つまり OTM であり，原資産価格が行使価格を下回っている状態（$S<K$）が ITM です。

ヨーロピアンの場合は満期時点に，アメリカンの場合は満期時点までのどこかの時点で ITM になれば，オプションの価値が生じます。この将来の価格変動から生じる価値をオプションの**時間的価値**と呼びます。オプションの価値は本源的価値と時間的価値の和です。

満期までの時間が長いほど，原資産価格の変動が激しいほど，満期までに ITM になる可能性は大きく，したがって時間的価値も高くなります。満期が近づくにつれて時間的価値は減少し，満期時点では 0 となります。

オプション価格に影響を与える要因を表10-3にまとめました。この中でデルタはオプションの売り手がリスクをヘッジするために必要な原資産保有量であり，理論価格を求める際にも用います。

アメリカンはいつでも権利行使できますが，ヨーロピアンは満期時点にしか権利行使できません。そのため，他の条件が同一であれば価格はアメリカンのほうが高くなります。

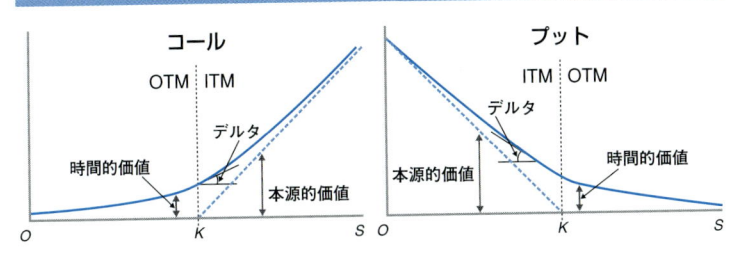

図10-6 本源的価値と時間的価値

表10-3 オプション価格に影響を与える要因

	コール	プット	感応度
原資産価格（S）	＋	－	デルタ $\left(\Delta = \dfrac{dP}{dS}\right)$
行使価格	－	＋	
満期までの期間（T）	＋	＋	セータ* $\left(\theta = -\dfrac{dP}{dT}\right)$
ボラティリティ（σ）	＋	＋	ベガ $\left(Vega = \dfrac{dP}{d\sigma}\right)$
安全資産金利（r）	＋	－	ロー $\left(\rho = \dfrac{dP}{dr}\right)$
配当 （株価オプションの場合）	－	＋	

＊ セータは時間経過（Tの減少）に伴う価格変化として定義されるためマイナスをつける

コラム　デルタ・ヘッジ

　原資産価格がわずかに上昇（dS）したとき，オプション価格がどの位上昇するか（dP）をデルタ $\left(\Delta = \dfrac{dP}{dS}\right)$ と呼びます。これは横軸に原資産価格，縦軸にオプション価値をとった場合のグラフの傾きです。

　コールを1単位売った投資家は，原資産をΔ単位保有することでヘッジできます（**デルタ・ヘッジ**）。原資産がdS上昇したときコールの上昇による損失$dP=\Delta dS$は，原資産価格の上昇による利益ΔdSで相殺されます。アット・ザ・マネーのコールのデルタは0.5です。ただし原資産価格の変化に伴いΔも変化するので，現物保有量を調整（リバランス）する必要があります。原資産価格の変化に対するデルタの変化率がガンマ $\left(\Gamma = \dfrac{d\Delta}{dS}\right)$ です。

ヘッジとリスクの取引

　原資産を保有している投資家がプットを買うと，原資産を保有したまま価格下落時の損失を限定できます。これを**プロテクティブ・プット**と呼びます。現物の保有者がコールを売ると，価格上昇による収益を限定する代わりに価格下落による損失がコールのプレミアム分だけ減ります。これが**カバード・コール**です（**図10-7**）。

　同一の原資産に対して行使価格の高いコールを売り，行使価格の低いコールを買うことで，原資産価格の上昇による収益に上限を設ける代わりに原資産価格下落による損失を限定できます。2つの行使価格の間では，原資産価格の上昇により利益が得られるので**ブル（強気の）・スプレッド**と呼びます。低い行使価格のプットを買い，高い行使価格のプットを売ることでも合成できます。逆に原資産価格が下落した場合に利益が出るのが**ベア（弱気の）・スプレッド**です。原資産価格下落による収益に上限を設ける代わりに原資産価格上昇による損失を限定します。高い行使価格のコールを買い，低い行使価格のコールを売る，あるいは高い行使価格のプットを買い，低い行使価格のプットを売ることで合成できます（**図10-8**）。

　コールとプットを組み合わせると，価格が上下どちらに変動しても利益を得られます。行使価格と満期が同一のコールとプットを買い持ち（ロング）すると，原資産があまり変動しない場合にはプレミアム分の損失ですが，大きく変動したときに収益を得られます。これが**ロング・ストラドル**です（**図10-9**）。逆に，コールとプットを売る場合は原資産の変動が小幅にとどまればプレミアムから収益を上げ，原資産が大きく変動すると損失を被ります（**ショート・ストラドル**）。

　OTMのコールとプットを買うとストラドルより支払うプレミア

オプション

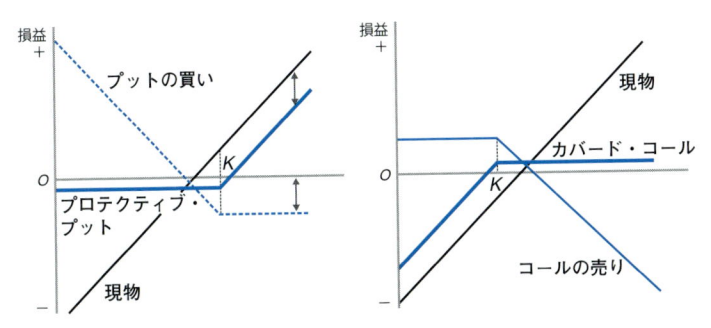

図 10-7 プロテクティブ・プットとカバード・コール

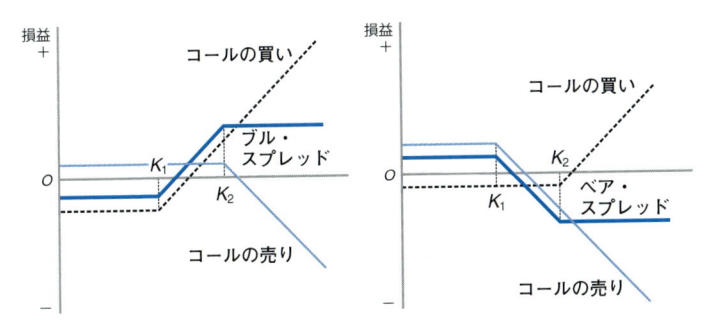

図 10-8 ブル・スプレッドとベア・スプレッド

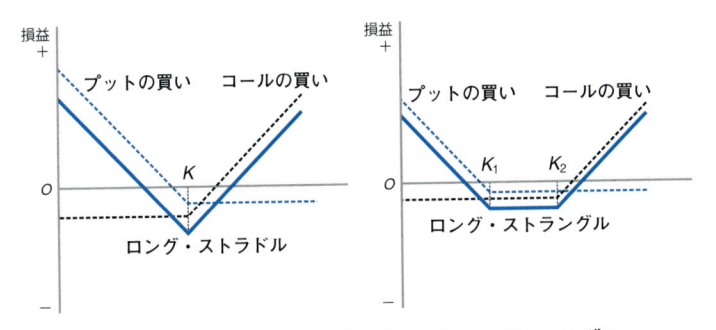

図 10-9 ロング・ストラドルとロング・ストラングル

ムは安いが，行使できる確率も低くなります（ロング・ストラングル）。逆にアウト・オブ・ザ・マネーのコールとプットを売ると，プレミアムの受取りはショート・ストラドルより減りますが，価格が大きく変動しても収益が確保できます（ショート・ストラングル）。行使価格の差を大きくすると，プット，コール共にプレミアムが小さくなるので受け取るプレミアムは減少しますが，多少の変動では損失の発生しないポジションとなります。

オプションと株式，負債

株式は企業業績が良くなるほど配当増と株価上昇によって利益を得ますが，倒産時には有限責任なので資産を処分しても返済できない負債があっても負担する必要はありません。一方，負債に対して支払われる利息は業績が良くなっても増加しませんが，債務超過分が大きくなるほど損失が拡大します（図10-10）。

ある企業の企業価値がVであり，Dだけの負債があるとします。負債の支払時点における株式の価値は負債を返した残りなので$V-D$です。企業価値よりも負債が大きい$V-D<0$の場合，企業は倒産しますが，株主は有限責任なので現時点の株式の価値をEとしてこれが0になるだけです。つまり償還時点における株式の価値は$\max(V-D, 0)-E$です。よって株式の価値は原資産を企業価値V，行使価格を負債額Dとするコールオプションのプレミアムと考えられます。

負債の価値について同様に考えます。$V-D\geq0$であれば負債は無事Dだけ償還されます。$V-D<0$であればVしか返済されません。つまり，満期時点における負債の価値は$\min(V, D)$です。現時点の負債の価値をD_0とすると$\min(V, D)-D_0=\min(V-D, 0)+(D-D_0)$です。よって負債は企業の資産価格$V$を原資産，行使

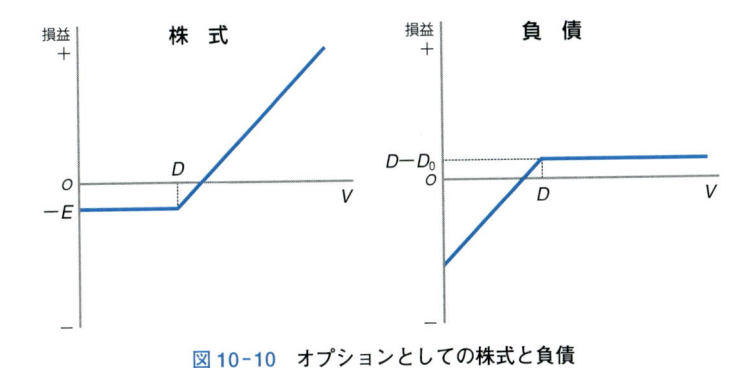

図10-10　オプションとしての株式と負債

コラム　リアルオプション

　企業経営において不可逆的な意思決定を，不確実性が低下するまで先延ばしして選択肢を残す場合があります。あるプロジェクトについて現時点で予想した将来キャッシュフローから計算した正味現在価値が負であっても，現時点で中止を決めず，多少の費用を払ってでもプロジェクトを実施するか否かの決定を延期する場合があります。たとえば鉱産資源の採掘権を保有している場合，現時点では採掘しても採算が合わなくても，将来資源価格が上昇すれば利益が出るかもしれません。採掘権の期限内に資源価格が上昇するような権利を行使し，上昇しなければ権利を放棄することになります。これは，延期費用をプレミアム，行使価格を投資額としたアメリカン・コールオプションにあたります。
　逆に，将来，事業から撤退する場合に小さな損失で済むように，現時点でいくらかの費用をかける場合もあり，これはプットオプションにあたります。これらの**リアルオプション**はオプションの理論価格を求める式を用いてその価値を計算できます。

価格を負債の返済額Dとするプットオプションの売りポジションであり，プレミアムが$D-D_0$と考えられます。

オプションの理論価格（2項モデル）

オプションの価格も先物と同様に裁定取引が行われない水準に決まります。2項モデルでは現時点の原資産価格Sが，満期日には上昇して$(1+u)S$となるか，下落して$(1+d)S$となるかの2通りと考えます（$u>0$, $d<0$）。行使価格Kはこの間にある$(1+u)S>K>(1+d)S$とします。オプションのペイオフを原資産価格上昇時C_u，下落時C_dと書くとコールは$C_u=(1+u)S-K$, $C_d=0$, プットは$C_u=0$, $C_d=K-(1+d)S$です。取引費用・税金がなく，安全資産金利で無制限に貸借が可能と仮定して原資産と安全資産でオプションの複製を作ります。原資産保有量をΔ（金額は$S\Delta$），安全資産の保有量をB，安全資産金利をrとします。原資産が上昇しても下落してもオプションのペイオフと一致する，つまり上昇時に$(1+u)S\Delta+(1+r)B=C_u$, 下落時に$(1+d)S\Delta+(1+r)B=C_d$となるΔとBを求めるため，この2式をΔとBの連立方程式として解くと

$$\Delta=\frac{C_u-C_d}{(u-d)S} \qquad B=\frac{(1+u)C_d-(1+d)C_u}{(u-d)(1+r)}$$

です。コールの場合はΔが正，Bが負なので借入をして原資産を保有，プットの場合はΔが負，Bが正なので原資産を売って預入することによってオプションが複製できます。ここで複製を作る費用とオプション価格に差があれば，高いほうを売って安いほうを買う裁定取引が可能です。そのため裁定取引が行われないオプション価格は

$$S\Delta+B=\frac{1}{1+r}\left(\frac{r-d}{u-d}C_u+\frac{u-r}{u-d}C_d\right)=\frac{1}{1+r}(p^*C_u+(1-p^*)C_d)$$

ただし, $p^*=\dfrac{r-d}{u-d}$ \hfill (10.1)

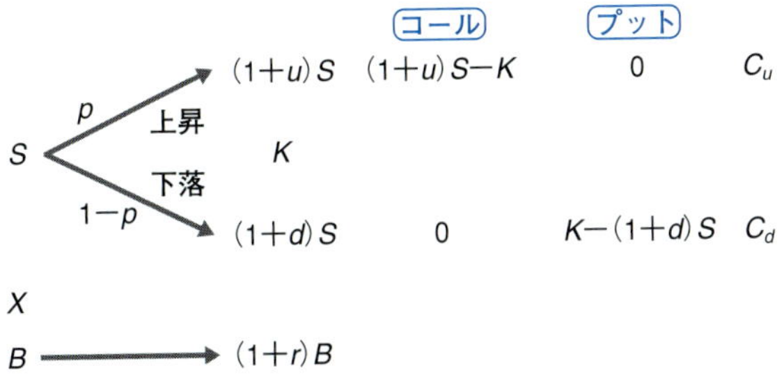

オプション

```
                              コール      プット
              ↗ (1+u)S   (1+u)S−K      0       C_u
        p  上昇
    S          K
        1−p 下落
              ↘ (1+d)S        0      K−(1+d)S  C_d

    X
    B ─────→ (1+r)B
```

図 10-11　2項モデル

コラム　2項モデルの式の展開

$$S\Delta + B = S\frac{C_u - C_d}{(u-d)S} + \frac{(1+u)C_d - (1+d)C_u}{(u-d)(1+r)}$$

$$= \frac{(1+r)(C_u - C_d) + (1+u)C_d - (1+d)C_u}{(u-d)(1+r)}$$

$$= \frac{r(C_u - C_d) + uC_d - dC_u}{(u-d)(1+r)}$$

$$= \frac{(r-d)C_u + (u-r)C_d}{(u-d)(1+r)}$$

$$= \frac{1}{1+r}\left(\frac{r-d}{u-d}C_u + \frac{u-r}{u-d}C_d\right)$$

【例】　$u=0.3,\ d=-0.2,\ r=0.1,\ S=100,\ K=100$

コール　$C_u = (1+0.3)100 - 100 = 30,\ C_d = 0$

$$P_C = \frac{1}{1+0.1}\left(\frac{0.1-(-0.2)}{0.3-(-0.2)}30 + 0\right) = \frac{18}{1.1} \fallingdotseq 16.36$$

プット　$C_u = 0,\ C_d = 100 - (1-0.2)100 = 20$

$$P_p = \frac{1}{1+0.1}\left(0 + \frac{0.3-0.1}{0.3-(-0.2)}20\right) = \frac{8}{1.1} \fallingdotseq 7.27$$

となります。ここで$\frac{r-d}{u-d}$と$\frac{u-r}{u-d}$は足すと1になり，$p^*=\frac{r-d}{u-d}$を**危険中立確率**と呼びます（コラム参照）。式（10.1）はペイオフの期待値を危険中立確率を用いて求め，現在価値に割り引くことでオプション価格が求められることを示しています。

オプションの理論価格（ブラック=ショールズ・モデル）

満期までの期間をn分割し，各期間について前項のように考えるとn期間2項モデルとなります。ツリーの枝の先端から各段階において式（10.1）を用いて将来から現在へと遡ることで価格を求めます（**図10-12**は$n=2$の場合）。

期間を細分化して短い時間間隔ごとに価格がランダムに上昇あるいは下落するならば，価格変動は（**図10-13**）のようになります。さらに期間を無限に細分化した場合が**幾何ブラウン運動**です。このとき価格の分布は対数正規分布（対数をとると正規分布になる分布），収益率の分布は正規分布になります。

原資産の売買が連続的に（つまり無限に短い時間間隔で）可能であり，原資産価格Sが対数正規分布に従う場合のヨーロピアン・オプションの理論価格は，以下の**ブラック=ショールズ**（B=S）式により求められます。

コールの価格 $= SN(d_1) - Ke^{-rT}N(d_2)$

プットの価格 $= -SN(-d_1) + Ke^{-rT}N(-d_2)$

ただし，$d_1 = \dfrac{\ln\left(\frac{S}{K}\right)+\left(r+\frac{\sigma^2}{2}\right)T}{\sigma\sqrt{T}}$，$d_2 = \dfrac{\ln\left(\frac{S}{K}\right)+\left(r-\frac{\sigma^2}{2}\right)T}{\sigma\sqrt{T}} = d_1 - \sigma\sqrt{T}$

S：原資産価格，K：行使価格，r：安全資産金利，T：満期までの時間（年），σ：ボラティリティ（原資産価格の収益率の標準偏差）

オプション

コラム　危険中立確率

すべての投資家が危険中立的であれば，すべての資産はリスクの大小にかかわらず収益率のみで評価されます。この場合，危険資産もリスクプレミアムを要求されず，収益率は安全資産の収益率と等しくなります。式（10.1）を

$$1+r = \frac{p^* C_u + (1-p^*) C_d}{S\Delta + B}$$

と変形すると，安全資産の収益率と確率 p^* で計算したオプションの期待収益率が等しくなっているので，p^* を危険中立確率（リスク中立確率）と呼びます。

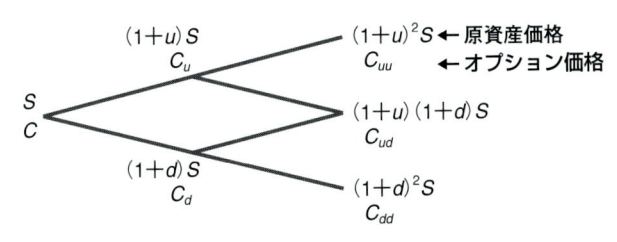

図 10-12　2 段階 2 項モデル

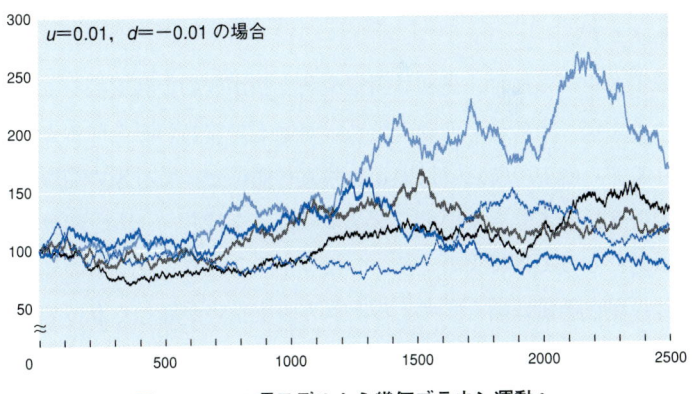

図 10-13　2 項モデルから幾何ブラウン運動へ

ここで $N(d)$ は標準正規分布の累積密度関数，つまり平均0，標準偏差1の正規分布において d 以下となる確率です。e^{-rT} は T 年分の割引，つまり $\frac{1}{(1+r)^T}$ の連続複利表現（半年複利は半年ごとに利息がつきますが，連続複利は瞬間ごとに利息がつきます）です。2項モデルと同様に安全資産金利で無制限に貸借ができ，取引費用や税金はかからず，期間中の配当もないと仮定した上で裁定機会が存在しないという条件（無裁定条件）から求めます。前節同様，リスク中立確率を用いたオプションの期待値を割り引いても導出できます。

🔵 スワップ

スワップとは，当事者間で経済的価値が等しいと判断したキャッシュフローを一定期間にわたり交換する取引です（図10-14）。金利スワップは変動金利の支払いと固定金利の支払いを交換します。金利計算のために名目上決めた元本は交換せず，これを想定元本と呼びます。通貨スワップは異なる通貨の負債を交換するので元本も交換します（元本の交換を伴わない通貨スワップをクーポンスワップと呼びます）。

順イールドの場合，当初は固定金利支払が変動金利支払を上回っていますが，その後，変動の支払いが固定の支払いを上回るようになります。途中の時点では固定金利支払側にとって将来の受取りが将来の支払いよりも多いのでプラスの価値を持ち，一方，変動金利支払側にとっては将来の支払いのほうが多いのでマイナスの価値を持ち，現在価値に揃えて考えると双方の支払いが等しくなっています。金利が上昇すると固定金利支払側にとっては将来の受取りが増えるのでスワップの価値が増大し，変動金利支払側にとっては減少します。さらに，期間内に相手方がデフォルトする可能性も勘案し

コラム　インプライド・ボラティリティ

B=S式に代入する変数のうち，原資産のボラティリティσは現時点では不明で過去の変動から推測するしかありません。ボラティリティσを未知の変数と考えて左辺に実際のオプション価格を代入すると，投資家が想定している原資産のボラティリティを逆算できます。これが**インプライド・ボラティリティ**（IV；Implied Volatility）です。投資家がこれから先，原資産価格が大きく変動すると予想してオプション価格が上昇すると，インプライド・ボラティリティは高くなります。これに対して，過去の原資産価格の変動から計算したボラティリティを**ヒストリカル・ボラティリティ**（HV；Historical Volatility）と呼びます。

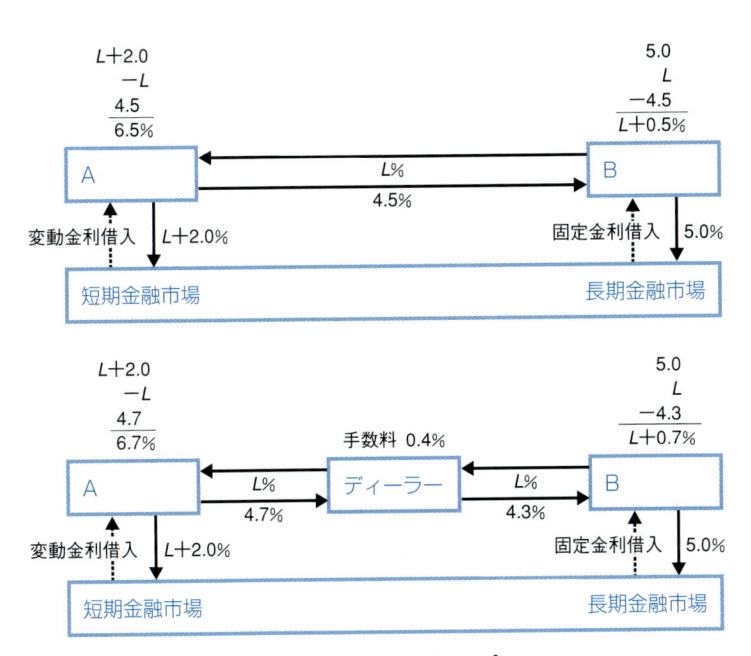

$$
\begin{array}{cc}
L+2.0 & 5.0 \\
-L & L \\
4.5 & -4.5 \\
\hline
6.5\% & L+0.5\%
\end{array}
$$

A ←――― $L\%$ ――― B
　　　　4.5%

A：変動金利借入　$L+2.0\%$　→ 短期金融市場
B：固定金利借入　5.0%　→ 長期金融市場

$$
\begin{array}{cc}
L+2.0 & 5.0 \\
-L & L \\
4.7 & -4.3 \\
\hline
6.7\% & L+0.7\%
\end{array}
$$

手数料 0.4%

A →$L\%$→ ディーラー ←$L\%$← B
　　4.7%　　　　　　　　　4.3%

A：変動金利借入　$L+2.0\%$　→ 短期金融市場
B：固定金利借入　5.0%　→ 長期金融市場

図10-14　スワップ

てスワップレートが決まります。

変動金利の借入で資金調達している企業は、金利上昇によって支払利息が増えるリスクに直面しています。この場合、変動金利受取・固定金利支払のスワップを用いて支払いを固定化し、金利上昇リスクをヘッジできます。また、固定金利で資金調達して変動金利で貸出を行う金融機関の場合、固定金利受取・変動金利支払のスワップによって金利下落リスクをヘッジできます。

金利スワップは元本交換がないので金利見通しによる投機にも利用されます。この場合、金利低下を予想すれば固定金利受取・変動金利支払、上昇を予想すれば変動金利受取・固定金利支払にします。

比較優位の市場での調達

2つの企業がそれぞれ比較優位にある市場で資金調達し、その債務を交換することで双方とも有利になる場合があります。たとえば表10-4のような場合、固定でも変動でもB社はA社より低い金利で調達できますが、両社の金利差は変動金利のほうが小さく、A社は変動金利の借入について比較優位といえます。両社がそれぞれ比較劣位の金利（つまりA社が固定、B社が変動）での調達を考えているとします。比較優位の金利（A社が変動、B社が固定）で調達してスワップを用いることで、直接比較劣位の金利で調達するよりも両社とも調達金利を低下させる一種の裁定取引が可能です。

エージェンシーコストと市場の補完

企業が長期借入で資金調達した後に事業リスクを大きくすると、株主にとっては配当増、株価上昇の可能性が高まります。債権者にとっては信用リスクが増加するだけなので、これを警戒してあらかじめ金利に上乗せを要求すると、調達コストは高くなります。短期借入ではこのエージェンシーコストが発生しませんが、企業には借

スワップ

コラム　LIBORとTIBOR

変動金利としては主にLIBORやTIBORを用います。

LIBOR（London InterBank Offered Rate）はロンドン市場における銀行間出し手金利です。10通貨の翌日物から12カ月物までの15種類の金利について，午前11時に指定16行が呈示したレートから上下各4行を除外した平均値です。

TIBOR（Tokyo InterBank Offered Rate）は東京市場における銀行間出し手金利です。1週間から12カ月の13種類の円金利について，午前11時に指定行が呈示したレートから上下各2行を除外した平均値です。

表10-4　固定と変動の調達（比較優位）

	固　定	変　動
A　社	7.0%	L＋2.0%（比較優位）
金利差	2.0%	1.0%
B　社	5.0%（比較優位）	L＋1.0%

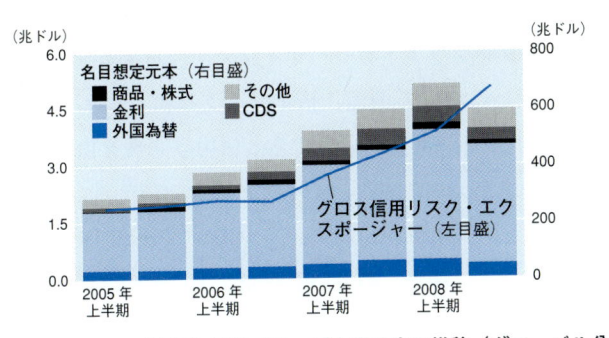

図10-15　OTC（店頭）デリバティブ市場残高の推移（グローバル分）
（出所）　BIS *Quarterly Review*, June 2009
グロス信用リスク・エクスポージャーは取引による将来キャッシュフローの現在価値です。取引相手先がデフォルトすると受け取れなくなるので，相手先の信用リスクにさらされている額です。

換え時に金利が上昇するリスクがあります。このとき，短期借入と金利スワップの併用によって両方の問題が解決できます。

　企業の借入金利は安全資産金利とリスクプレミアムの和です。短期借入の場合は両方とも変動，長期の固定金利による借入は両方とも固定です。また変動利付債を用いると安全資産金利は変動でリスクプレミアムは固定です。短期借入と変動金利受取・固定金利支払のスワップを組み合わせると安全資産金利は固定し，リスクプレミアムを変動とする借入が可能です。これは今後のリスクプレミアムの低下（信用力の向上）を見込む企業が金利上昇リスクをヘッジしながら資金調達する手段として適しています。これがスワップの市場補完機能です。

🌐 クレジット・デリバティブ

　資産の価格変動リスクは先物やオプションを用いてヘッジできますが，貸出債権や社債の信用（クレジット）リスクをヘッジするデリバティブが**クレジット・デリバティブ**です。対象となる会社・組織（参照組織）において倒産，格下げ，支払拒否などの**信用事由**（**クレジット・イベント**）が発生すると信用リスクを保証する側が支払いを行います。

　クレジット・デフォルト・スワップ（**CDS**；Credit Default Swap）はプロテクション（保証）の買い手が売り手に定期的に保証料（プレミアム）を支払い，契約期間中に参照組織に信用事由が発生したときあらかじめ決められた支払いを行う契約です（**図10-17**，**図10-18**）。

　保証の売り手に対して貸出条件を知らせずに貸出先の信用リスクをヘッジできます。売り手は信用リスクを引き受ける代償としてプ

クレジット・デリバティブ 203

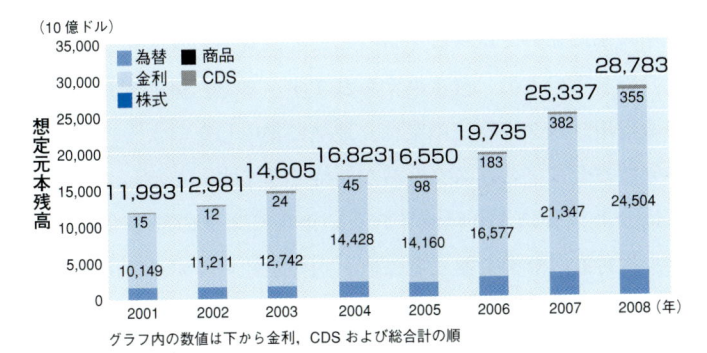

図10-16 OTCデリバティブ市場残高の推移（日本分）
（出所）日本銀行「デリバティブ取引に関する定例市場報告」

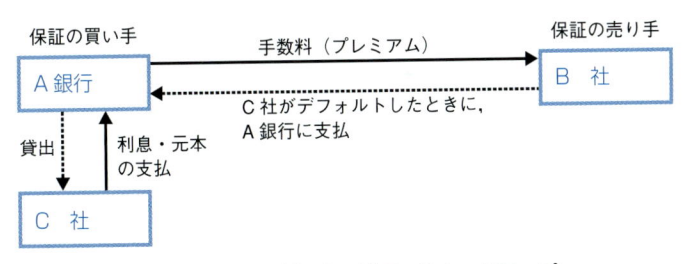

グラフ内の数値は下から金利，CDSおよび総合計の順

年	金利	CDS	総合計
2001	10,149	15	11,993
2002	11,211	12	12,981
2003	12,742	24	14,605
2004	14,428	45	16,823
2005	14,160	98	16,550
2006	16,577	183	19,735
2007	21,347	382	25,337
2008	24,504	355	28,783

図10-17 クレジット・デフォルト・スワップ

保証の買い手 A銀行 →手数料（プレミアム）→ 保証の売り手 B社
C社がデフォルトしたときに，A銀行に支払
A銀行 → 貸出 → C社
C社 → 利息・元本の支払 → A銀行

レミアムを受け取ります。保険と異なり，信用事由にかかわる資産を保有しない投資家も保証を買うことができます。

CDSを用いて，金融機関は保有する金融資産の信用リスクと金利変動リスクのうち，信用リスクの部分をヘッジできます。自己資本比率規制においては保証を買うことで，貸出のリスクウエイトは保証の売り手のものに置き換えられます。また，保証を売買して保有する信用リスクが特定の業種，地域に集中しないように調整すれば，分散投資によるリスク軽減が期待できます。ただし，信用リスクには分散投資により軽減されない市場リスクの部分もあります。また，相対取引なので第三者に取引内容が知られず，信用リスクが結果として保証の売り手となった少数の金融機関に集中する場合もあります。そこで，CDSの清算機関を設置して市場の透明性を高めることも検討されています。

世界金融危機のメカニズム

ITバブル崩壊後の景気悪化に対処するため，2000年代前半，世界的に低金利が続きました。量的金融緩和と為替介入による円安の定着により，日本からも海外に資金が流出しました。長期金利が低い状態が長く続いたことで，米国や欧州の一部では不動産価格の上昇が加速しました。

米国の住宅ローン債権の多くは証券化され，世界中に販売されました。証券化して販売することを前提として融資が行われたため，金融機関による借り手への審査が過度に緩和されました。住宅価格が今後も上昇するという見通しの下で将来の低利での借換え，あるいは転売を当てにして，返済能力に疑問のあるサブプライム層に対する融資や投資用不動産のための融資が拡大しました。過去のデー

```
         購入代金              購入代金
  ┌─────┐ ←──── ┌─────┐ ←──── ┌─────┐
  │A 銀行│  L%   │ SPC │  CLN  │ B 社 │
  └─────┘ ────→ └─────┘ ────→ └─────┘
          CDS保証料3%          L+3%
```

図10-18 クレジットリンク債

クレジットリンク債（CLN；Credit Linked Note）は信用リスクを引き受ける仕組み債です。満期までにクレジット・イベントが発生しなければ額面が償還されますが，発生すれば参照組織の発行債券で償還され，CLN を保有する投資家が損失を被ります。信用リスクを引き受ける代償として CLN の利回りは高くなります。

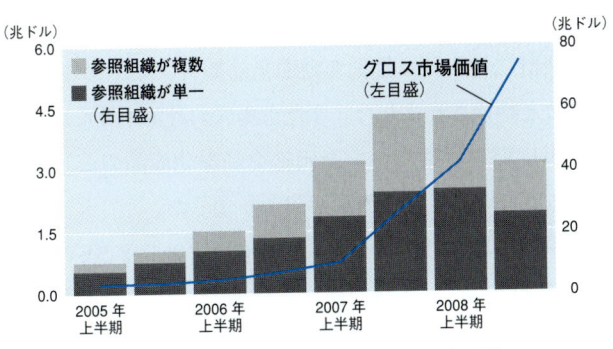

図10-19 CDS残高の推移（グローバル分）

（出所）BIS *Quarterly Review*, June 2009

タにもとづく格付けは全地域における住宅価格下落という分散投資によって軽減されない「市場リスク」を適切に評価できませんでした。住宅価格が下落の兆候を示すとサブプライムローンから延滞率が上昇し始め，これらを裏付け資産としたRMBS，さらにこれらを再証券化したCDOなどの格付けおよび価格が急落しました（図10-20）。証券化商品は個別性が高く，構造が複雑なので評価を格付けに依存していました。格付けの信頼性にも疑問が生じ，証券化商品の流動性が乏しいことも相俟って価格はいっそう下落しました。

これにより，証券化商品を保有する金融機関には多額の評価損が発生しました（図10-21）。景気悪化により保有する金融資産に評価損が生じると，自己資本は縮小します。さらにバーゼルⅡでは，貸出先の格付けが悪化するとリスクウエイトが高くなります。このとき，金融機関が自己資本比率の維持のために貸出抑制などで資産を圧縮すると，さらに景気を悪化させます。このように自己資本規制や時価会計に対しては景気変動増幅効果（プロシクリカリティ）が存在すると指摘されました。また市場における十分な取引がない場合に，投げ売り状態でついた価格を証券化商品の公正価値（時価）とするかについても，議論が起こりました。

自己資本が不足した金融機関は，政府系ファンド（SWF；Sovereign Wealth Funds）や邦銀などから増資を受けて資本強化を行います。さらに2008年4月に米投資銀行ベア・スターンズがFRBの緊急融資を受けて救済合併され，同年9月初旬には米住宅金融公社がFRBの緊急融資を受けて政府管理下に入るなど，公的資金も投入されます（図10-21）。しかし同月中旬，米投資銀行リーマン・ブラザーズは公的支援を受けられずに破綻します。

インターバンク市場では，すでに2007年半ばには証券化商品の

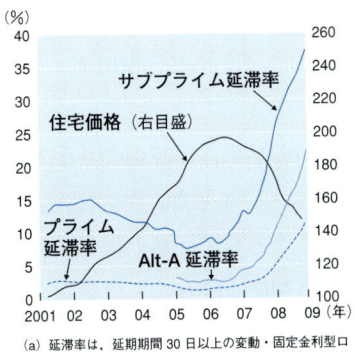

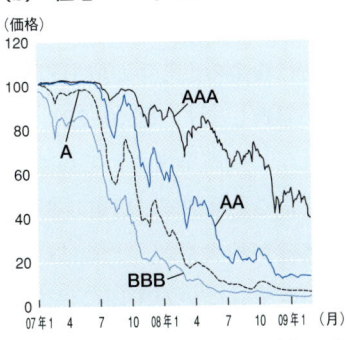

世界金融危機のメカニズム　　207

(a) 米国の住宅ローン延滞率と住宅価格　　(b) 住宅ローン担保証券市場

(a) 延滞率は、延期期間30日以上の変動・固定金利型ローンが対象。住宅価格はS&P/Case-Shiller指数(10大都市)

(b) データは、2006年上期に実行されたサブプライム住宅ローンを対象とするABX-HE2006-2

図10-20　米国の住宅ローン延滞率と住宅価格(a)と住宅ローン証券化商品の価格の推移(b)
(出所)　(a):日本銀行「金融市場レポート(2009年1月)」、(b):同「金融システムレポート(2009年3月)」

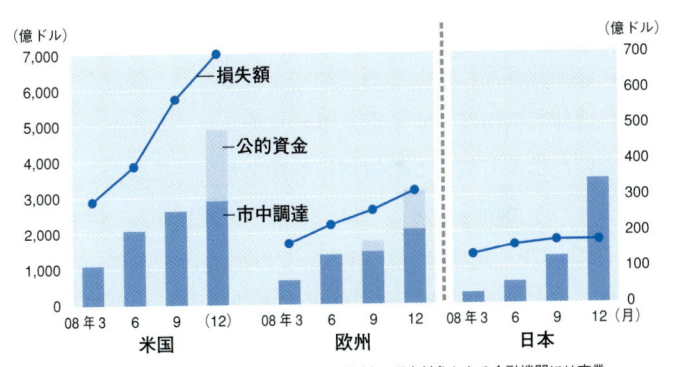

2007年7月からの累積値(2009年2月24日現在)。調査対象となる金融機関には商業・投資銀行の他、保険会社等が含まれる。米国は43社、欧州は45社、日本は9社の合計。損失額は各期の評価損と貸倒損失

図10-21　主要金融機関の損失と資本調達
(出所)　日本銀行「金融システムレポート(2009年3月)」

大量格下げとフランスの大手金融グループBNPパリバのファンド凍結に伴うパリバ・ショックにより信用スプレッドが上昇していましたが，リーマン破綻と9月末の米金融安定化法案の否決により，さらに資金の出し手が取引相手の信用リスクを恐れ，信用スプレッドが急騰します（図10-22）。

　近年，残高を増やしていたCDS取引の結果，保証の売り手として特定の金融機関に信用リスクが集中していました。現実に大規模な破綻が相次ぐと，とくにCDSの売り手として巨額の信用リスクを引き受けていた米国の保険グループAIGはFRBの緊急融資を受け政府の管理下に入りました（図10-23）。

　これまで自己資本に対する借入の比率を増やしてレバレッジを高めてきたファンドや金融機関は投資資産の価格下落により貸し手から強制売却や追加担保の差し入れをせまられ，レバレッジ解消（デレバレッジ）のために株式などの流動性の高い資産を売却し，これらの資産の価格がいっそう下落します（図10-24，図10-25）。

　さらに証券化商品に対して信用補完を行っていた保証会社（モノライン）自体の信用リスクも意識され，モノラインが従来から保証を行っていた米地方債などの信用にも疑念が生じました。

　インターバンク市場に対しては，各国中央銀行が買いオペを増額すると共に，CP・投資信託・ABSなどの危険資産の買い入れにより流動性を供給しました。すでに2007年半ばから，米国は政策金利を引き下げてきましたが，2008年10月には欧州も利下げに転じます（図4-11参照）。10月に成立した金融安定化法により，公的資金で金融機関の株式を購入した米国をはじめ，多くの国々で金融機関に公的資金が注入され，政府管理下に入る金融機関も続出しました。欧州では，一部の国が銀行取り付けを防ぐために預金の全額

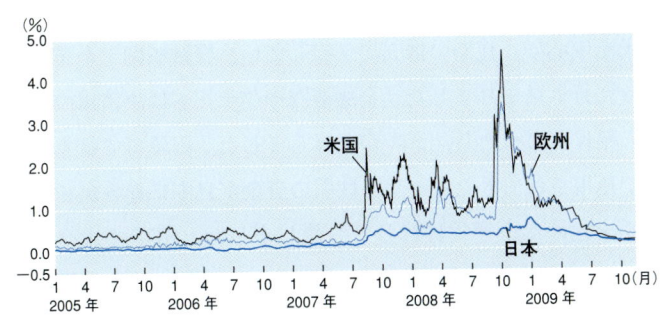

信用スプレッド＝LIBOR 3 カ月物−短期国債 3 カ月物利回り。欧州は，ドイツの短期国債利回りを利用

図 10-22　主要国の信用スプレッドの推移
（出所）　日本銀行「経済・物価情勢の展望（2009 年 11 月）」

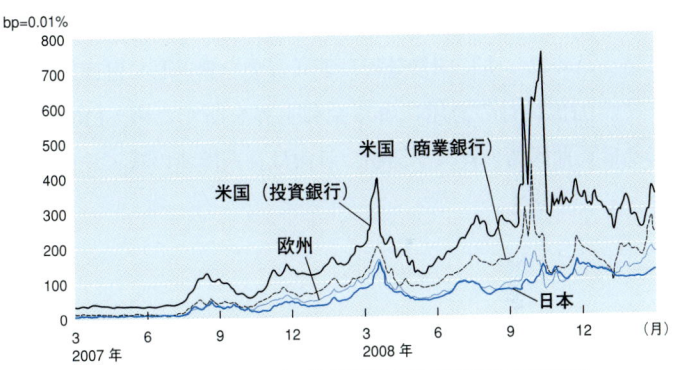

調査対象（日本 3 社，米商業銀行 5 社米投資銀行 5 社，欧州 9 社）の単純平均

図 10-23　金融機関の CDS プレミアム

（出所）　日本銀行「金融システムレポート（2009 年 3 月）」
各銀行の信用リスクが高まると保証の売り手はリスクに見合ったプレミアムを要求し，CDS プレミアムが上昇します。プレミアムが低い時点で保証を売った側にとっては，受け取るプレミアムでは見合わない大きさにリスクが拡大したことになります。

保護を打ち出すと，これらの国への預金の流出を恐れて他の国々もこれに追随しました。

　欧米を中心に，短期の借入に依存していた金融機関・企業等は資金繰りに行き詰まりました。金融機関やファンドは決済用のドルを手元に確保しようとし，ドルが上昇しました。円建てで借り入れて海外で運用されてきたキャリー取引の資金が日本に巻き戻され，円はドルを含めた全通貨に対して急騰しました。GDPに比べて対外債務の大きい国からは資金流出によりIMFに緊急融資を要請する国も相次ぎました。なかでもアイスランドでは，金融危機で国有化された銀行の円建て外債さえ債務不履行となりました。

　住宅バブル崩壊による住宅投資の減少，金融危機による金融機関の破綻に加えて，住宅を担保とする借入による消費拡大が困難になり，世界的に需要が減少し，景気が後退しました。各国は需要の減少を補うために，主に国債発行により資金を調達して財政政策を行います。国債発行の急増による金利上昇を防ぐため，FRBは半世紀ぶりに長期国債の買入を開始，日銀は長期国債の買入れを増額するなどしています。

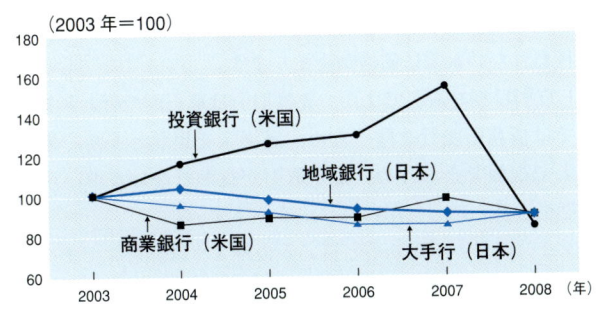

レバレッジ＝総資産 ÷ 純資産。米投資銀行は，Goldman Sachs, Morgan Stanley, Merrill Lynch の平均。米商業銀行は，JPMorgan Chase, Citigroup, Bank of America, Wachovia, Wells Fargo の平均。大手行，地域銀行は，わが国銀行の平均

図 10-24　日米における金融機関のレバレッジ
（出所）　日本銀行「金融システムレポート（2009年3月）」

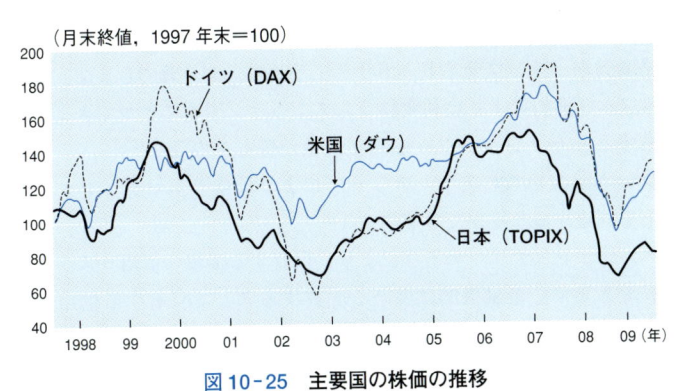

図 10-25　主要国の株価の推移
（出所）　日本銀行「経済・物価情勢の展望（2009年11月）」

■ 本章のまとめ

- デリバティブは，現在保有しているリスクを軽減するためのヘッジとリスクを新たに負担することでリターンを目指す投機に利用されます。原資産と安全資産で合成できる場合が多く，その場合は裁定取引が行われない水準に価格が決まります。
- 先渡し取引は相対取引ですが，先物取引は取引所で行われます。先物取引では債務不履行を防ぐため，証拠金を預託します。先物は現物と借入で複製できるため，裁定取引が行われない水準，すなわち原資産価格と持ち越し費用の和に決まります。
- オプションにおいて売り手と買い手のリスクは非対称です。株式はコールオプションの買いポジション，負債はプットオプションの売りポジションにあたります。オプションの理論価格は無裁定条件から求められ，離散型では2項モデル，連続型ではブラック=ショールズ（B=S）モデルが代表的です。いずれもリスク中立確率を用いてオプションのペイオフの期待値を求め，現在価値に割り引くことで求められます。B=S式では行使価格，原資産価格，金利，満期までの期間の他，原資産のボラティリティが変数となっています。実際のオプション価格をB=S式に代入することで，市場参加者の想定する価格変動率（インプライド・ボラティリティ）が逆算できます。
- スワップ取引により金利変動リスクをヘッジすることができます。交換するキャッシュフローの現在価値が等しくなるように，スワップレートが決められます。スワップにより負債のエージェンシーコストを回避することができます。
- クレジット・デリバティブにより，保有する債権の信用リスクをヘッジできます。金融機関は保証を売買することで保有する信用リスクについて地域，業種の分散を図ることができます。

文献案内

本書で扱う範囲に関連するテキスト・文献を紹介しますので，さらに学習をすすめたい場合など，参考にして下さい。

■ 全 般 ■

- [1] 岩田規久男（2008）『テキストブック金融入門』東洋経済新報社
- [2] 清水克俊（2008）『金融論入門』新世社
- [3] 大野早苗・小川英治・地主敏樹・永田邦和・藤原秀男・三隅隆司・安田行宏（2007）『金融論』有斐閣
- [4] 前多康男・鹿野嘉昭・酒井良清（2006）『金融論をつかむ』有斐閣
- [5] 村瀬英彰（2006）『シリーズ・新エコノミクス 金融論』日本評論社
- [6] 竹田陽介（2005）『コア・テキスト金融論』新世社
- [7] 晝間文彦（2011）『基礎コース金融論［第3版］』新世社
- [8] 池尾和人・大橋和彦・遠藤幸彦・前多康男・渡辺努（2004）『入門金融論』ダイヤモンド社
- [9] 大村敬一・浅子和美・池尾和人・須田美矢子（2004）『経済学とファイナンス［第2版］』東洋経済新報社
- [10] ジョセフE.スティグリッツ=B.グリーンワルド 内藤純一・家森信善訳（2003）『新しい金融論——信用と情報の経済学』東京大学出版会

■第1章～第5章■

- [11] 東短リサーチ編（2009）『東京マネー・マーケット［第7版］』有斐閣
- [12] 白川方明（2008）『現代の金融政策――理論と実際』日本経済新聞出版社
- [13] 飯田泰之（2007）『歴史が教えるマネーの理論』ダイヤモンド社
- [14] 岡村秀夫・田中　敦・野間敏克・藤原賢哉（2005）『金融システム論』有斐閣
- [15] 全国銀行業協会金融調査部編（2007）『図説　わが国の銀行［2007年度版］』財経詳報社
- [16] 鹿野嘉昭（2006）『日本の金融制度［第2版］』東洋経済新報社
- [17] 酒井良清・榊原健一・鹿野嘉昭（2004）『金融政策［改訂版］』有斐閣

■第6章～第10章■

- [18] 日本証券業協会証券教育広報センター・高橋文郎編（2009）『新・証券市場2009』中央経済社
- [19] 森平爽一郎（2007）『物語で読み解くファイナンス入門』日本経済新聞出版社
- [20] ツヴィ・ボディ゠ロバート C. マートン　大前恵一朗訳（2001）『現代ファイナンス論――意思決定のための理論と実践［改訂版］』ピアソン・エデュケーション
- [21] 大村敬一（1999）『現代ファイナンス』有斐閣

■第9章■

- [22] 砂川伸幸・川北英隆・杉浦秀徳（2008）『日本企業のコーポレートファイナンス』日本経済新聞出版社
- [23] 井手正介・高橋文郎（2006）『ビジネス・ゼミナール　経営財務入門［第3版］』日本経済新聞出版社
- [24] 岩村　充（2005）『企業金融講義』東洋経済新報社
- [25] 米澤康博・小西　大・芹田敏夫（2004）『新しい企業金融』有斐閣
- [26] 辻　幸民（2002）『企業金融の経済理論』創成社

■第10章■

- [27] 森平爽一郎（2007）『物語で読み解くデリバティブ入門』日本経済新聞出版社
- [28] 葛山康典（2003）『企業財務のための金融工学』朝倉書店
- [29] デービッド G. ルーエンバーガー　今野　浩・枇々木規雄訳（2002）『金融工学入門』日本経済新聞出版社
- [30] ジョン C. ハル　小林孝雄監訳（2001）『先物・オプション取引入門』ピアソン・エデュケーション
- [31] 岩田暁一（1989）『先物とオプションの理論』東洋経済新報社

索　引

ア　行

アウト・オブ・ザ・マネー（OTM）　188
赤字主体　20
後積み・同時混合方式　60
アナウンス効果　66
アメリカン　186
粗利　170
アンシステマティック・リスク　138, 139
安全資産　132
　　──金利　92

一時的オペ　68
一覧払い　14
一括均衡　159, 160
一般貸倒引当金　44
一般的な価値尺度（計量単位）　2
一般的な交換手段　2
一般的な受容性　2
イン・ザ・マネー（ITM）　188
インサイダー取引　144, 145
インプライド・ボラティリティ　199
インフレーション　6
インフレ課税　6

ウィーク・フォーム　142
売上原価　170
売掛債権　14
売り建玉　181

永久債　88
営業外収益　172
営業外費用　172
営業循環　168
営業上のリスク　154
営業利益　170
影響力基準　168
永続的オペ　68
エージェンシー問題　160

エージェント　160

オプション　186

カ　行

買掛債務　14
買い建玉　181
外部貨幣　14, 56
外部金融　148
価格　2
　　──優先　114
格付け　102
確定日払い　14
家計　20
貸方　166
貸し倒れ　44
貸倒引当金　44
貸出政策　66
加重平均資本コスト（WACC）　155
過小投資　162
過大投資　162
価値貯蔵手段　2
カバード・コール　190
株式会社　32, 108
株式交換　121
株式分割　112
株主　110
　　──権　108
株主資本　168
　　──等変動計算書　170
株主割当　110
貨幣需要　76, 78
貨幣の流通速度　76
借方　166
為替手形　14
為替レート　10
間接金融　34
間接償却　44
間接証券　34
完全競争市場　143

218 索　引

完全資本市場　143
管理通貨制　8
関連会社　168

機会主義的行動　160
幾何ブラウン運動　196
企業　20
　——価値　150
危険愛好型　130
危険回避型　130
危険資産　132
危険中立確率　196, 197
危険中立型　130
期待インフレ率　83
期待効用　130
　——仮説　130
期待収益率（収益率の期待値）　134, 154
期待値（平均）　145
規模の経済性　40
逆イールド　100
逆選択　40, 41, 52, 158
キャッシュ　172
キャッシュフロー計算書　174
キャリーコスト（持越し費用）　184
吸収合併　121
共益権　108
強制加入　52
競争制限的規制　46
協同組織　32
緊急保証制度　50
金銀複本位制　8
銀行券　4
　——要因　68
銀行取り付け　36
銀行の銀行　38, 56
金地金本位制　8
金ドル本位制　10
金本位制　8
　——の自動調節機能　10
金融　20
金融機関　20, 32
金融資産　2
金融資産・負債差額　22

金融資産・負債残高表　22
金融取引表　22

クーポンスワップ　198
クラウディングアウト　84
繰越利益剰余金　168
クレジット・イベント（信用事由）　202
クレジット・デフォルト・スワップ（CDS）　202
クレジット・デリバティブ　202
黒字主体　20
黒字倒産　172

経過利子　95
経常利益　172
計数貨幣　4
ケインズ（J. M. Keynes）　78
決済　12
　——手段　60
　——用預金　49
限界生産力逓減の法則　126
原価会計　168
減価償却　163, 172
　——費　148, 163
減価する貨幣（自由貨幣）　16
現金残高方程式（ケンブリッジ方程式）　76
現在価値　92
原債権者（オリジネーター）　164
原資産　178
減損会計　170

公開買付（TOB）　124
公開市場操作（オペレーション）　66
交換手段　2
広義流動性　16
公定歩合　66
公募　90, 110
　——増資　112
効用　126
　——関数　130
効率性　142
合理的投資家　143

索　引

コール　186
子会社　168
小切手　15
国債　88
国際決済銀行（BIS）　47
国富　24
固定資産　168
固定負債　166
固定利付債　94
古典派の貨幣数量説　76
個別貸倒引当金　44

サ　行

債券　88
債権　12
　——国　24
再交渉　164
最後の貸し手　48, 56
最後の貸し手機能　48
在庫理論　78
財政要因　68
裁定取引　152, 184, 194
最適ポートフォリオ　136
再保険　52
債務　12
財務上のリスク　154
財務諸表分析　168
先物取引　180
先渡し契約　180
差金決済　180
指値注文　114
サブプライム層　204
サブプライムローン　206
三角合併　121
残余権者　108
残余財産分配請求権　108

自益権　108
時価　24, 170
　——会計　170
時価総額指数　116
時間軸効果　72
時間選好率　126

時間的価値　188
時間優先　116
資金援助方式　48
資金決済　12
資金循環統計　22
資金不足部門　22
資金余剰部門　22
シグナル　158
　——均衡　160
自己資本比率　46
資産選択理論　78
資産代替　162
資産の部　166
資産変換　34
市場（マーケット・）リスク　138
市場（マーケット）ポートフォリオ　138
市場分断仮説　100
システマティック（市場）・リスク　138, 139, 178
システミック・リスク　38
実質金利　83
実物資産　2
時点ネット決済　38
支配力基準　168
支払い完了性　12
支払準備　60
私募　90
　——債　91
資本　20
　——金　168
　——コスト　156
　——剰余金　168
資本資産価格モデル（CAPM）　140
社債　88
住宅ローン債権　204
出資　20
順イールド　100
純粋期待仮説　98
準通貨　16
準備預金　60
準備預金制度　60
償還差益　94
償還差損　94

索　引

証券化　164
証券会社　32
証券市場線　142
証拠金　180
少数株主権　109
少数株主持分　168
乗数効果　82
情報生産　160
　──のただ乗り　41
情報の非対称性　40, 158
正味現在価値（NPV）　156
将来価値　92
秤量貨幣　4
ショート・ストラドル　190
ショート・ストラングル　192
ショールズ（M. Sholes）　196
所得効果　126
所要準備　60
新株引受権　112
新株予約権　112
新株予約権付社債　113
新規上場　114
信託銀行　32
信用収縮　48
信用乗数（貨幣乗数）　62
信用創造（預金創造）　62
信用秩序維持政策（プルーデンス政策）　46
信用秩序の維持　58
信用取引　183
信用保証協会　50
信用リスク　34
信用力　40
信用割当　41

ストックオプション　112, 187
ストック表　22
ストロング・フォーム　144
スペシフィック（固有・個別）・リスク　138
スポットレート　96
スミソニアン体制　10
スワップ　198

政策委員会　58
生産資産　24
生産的投資　126
　──の機会軌跡　126
成長通貨　6
税引前当期純利益　172
政府　20
　──の銀行　56
生命保険　52
整理回収機構（RCC）　44
責任共有制度　50
節税効果　153
接点ポートフォリオ　136
セミストロング・フォーム　142
ゼロ金利政策　70
全銀システム　38

相関係数　134
想定元本　198
即時グロス決済（RTGS）　38, 39
その他資本剰余金　168
ソフトな予算制約（ソフトバジェット）の問題　43
損益計算書　170
損害保険　52

タ　行

代位弁済　50
第三者割当　110
　──増資　112
第三分野保険　52
貸借対照表　166
大数の法則　34, 36, 53
代替効果　126
兌換紙幣　4
ただ乗り　40
建玉　181
短期借入　166
単元　109
短資会社　32
単純平均指数（ダウ式修正平均）　116
単独株主権　109
単利最終利回り　94

索　引

地方債　88
中央銀行　56
　——の独立性　58
中核的自己資本　46
中小企業金融公庫　50
長期借入　166
長期継続的取引　40
調整表　24
直接金融　34

通貨発行益（シニョリッジ）　6

手形　14, 93
デット・オーバーハング　162
デフレーション　6
デュレーション　100
デリバティブ（派生商品）　178
デルタ・ヘッジ　189
転換社債型新株予約権付社債（転換社債）
　113

投機　182
　——的動機　78
当座預金　14
倒産隔離　164
倒産コスト　153
投資機会軌跡（投資機会集合）　134, 136
同質的期待　136, 143
投資適格　102
トービン（J. Tobin）　78, 79, 136
トービンの分離定理　136
特別損失　172
特別利益　172
匿名性　12
特化の利益　40
トランザクション貸出　43
トランチング　166
取引　12
　——需要　78
取引所外取引（市場外取引）　116
取引所集中義務　116

ナ　行

内国為替制度　38
内部貨幣　14, 56
内部金融　148
内部収益率（IRR）　156
内部留保　108, 148
成行注文　114
ナローバンク　36

ニクソン・ショック　10
日銀当座預金　38, 60
日経平均株価　116
日本銀行（日銀）　58
日本銀行法　58

値洗い　180

ノンバンク　32

ハ　行

配当　108
　——請求権　108
　——割引モデル　120
売買目的有価証券　171
ハイパワードマネー　60
バジョットの原則　56
発券銀行　56
発生主義　170
バランスシート規制　46
販売費及び一般管理費　170
汎用性　12

比較優位　200
ヒストリカル・ボラティリティ　199
非生産資産　24
標準化　180
標準偏差　132, 145
表面利率　94

ファンダメンタル分析　142
フィッシャーの交換方程式　76
フィッシャーの分離定理　128

索　引

不換紙幣　4
不完備契約　164
複利利回り　96, 156
負債　20, 153
負債・純資産の部　166
負債のエージェンシーコスト　160
負債のてこ（レバレッジ）効果　154
普通株主　110
普通銀行　32
物価の安定　58
プット　186
プライステイカーの仮定　143
ブラック（F. Black）　196
ブラック=ショールズ・モデル　196
不良債権　44
プリンシパル　160
ブル・スプレッド　190
ブレトンウッズ体制　10
フレミング（M. Fleming）　84
フロー表　22
プロテクティブ・プット　190
不渡り　14
分散　145
分散投資　178
　——の効果　134

ベア・スプレッド　190
ペイオフ　48, 49
ベースマネー　60
ペッキング・オーダー　159
ヘッジ　182
ベンチャー・キャピタル（VC）　51
変動利付債　94

法定準備金　168
法定準備率操作　66
法定通貨（法貨）　12
ポートフォリオ　134
ボーモル（W. Baumol）　79
ホールドアップ問題　43
補完貸付制度　69
補完的項目　46
本位貨幣　8
本源的価値　188

本源的証券　34

マ　行

マーコビッツ（H. Markowitz）　78
マーシャルのk　76
マコーレー（F. Macaulay）　102
マネーストック　14, 62
マネタリーベース　60
回し手形（譲渡手形）　16
満期保有目的　171
マンデル（R. Mundell）　84
マンデル=フレミング・モデル　84

無関連命題　152
無差別曲線　126
無償増資（株式分割）　110
無担保コールレート・オーバーナイト物　66

名目金利　83
メインバンク　42

モラルハザード　48, 52, 160

ヤ　行

約束手形　14

有限責任　108
有効フロンティア　136
有償増資　110
優先株　110

要求払い預金　12, 36
要求収益率　138, 154
ヨーロピアン　186
預金通貨　12
預金歩留まり率　64
預金保険制度　48
予算制約線（資本市場の機会軌跡）　126
欲求の二重の一致　2
予備的動機　78

ラ 行

リアルオプション　193
利益剰余金　168
リスク　132, 178
　——アセット　46
　——ウエイト　46
　——価格　138
　——プレミアム　92
利息の支払い　172
リターン　132
利付債　94
利払い税引き前利益（EBIT）　148
利回り格差　102
利回り曲線（イールドカーブ）　98
流行性選好　78
流通市場　114
流動資産　168
流動性　2
　——の罠　80
　——プレミアム（流動性選好）仮説　100
　——リスク　34
流動負債　166
量的金融緩和政策　70
リレーションシップ貸出　42
理論価格　96

劣後株（後配株）　110
劣後債　91

レバレッジ　182, 208
連結手続き　168

ロング・ストラドル　190
ロング・ストラングル　192
ロンバート型貸出　69

ワ 行

ワラント債　113
割引　14
　——率　92, 94
ワルラスの法則　84

数字・英字

2パラメータ・アプローチ　132
BIS規制（バーゼル合意）　46, 47
GDP　76
IS–LM分析　84
IS曲線　82
LIBOR　201
LM曲線　80
M1　16
M2　16
M3　16
MM命題　154
TIBOR　201
TOPIX（東証株価指数）　116

著者略歴

熊 谷 善 彰
(くま がい よし あき)

1968年　東京都生まれ
1991年　慶應義塾大学理工学部卒業
1998年　慶應義塾大学大学院商学研究科博士課程単位取得退学
現　在　早稲田大学教育・総合科学学術院教授

主要著書・論文
『先物・オプション市場の計量分析』（分担執筆）（慶應義塾大学出版会, 1997）
『金融時系列データのフラクタル分析』（多賀出版, 2002）
『グローバル社会の情報論』（分担執筆）（早稲田大学出版部, 2004）
"Fractal Structure of Financial High Frequency Data", *Fractals*, 10-1, 2002.

コンパクト 経済学ライブラリ＝5

コンパクト 金融論

2010年2月10日©	初 版 発 行
2016年3月25日	初版第4刷発行

著　者　熊谷善彰　　　　　　発行者　森平敏孝
　　　　　　　　　　　　　　印刷者　山岡景仁
　　　　　　　　　　　　　　製本者　米良孝司

【発行】　　　　　　　　　株式会社　新世社
〒151-0051　　東京都渋谷区千駄ヶ谷1丁目3番25号
☎ (03)5474-8818（代）　　　　サイエンスビル

【発売】　　　　　　　　　株式会社　サイエンス社
〒151-0051　　東京都渋谷区千駄ヶ谷1丁目3番25号
営業 ☎ (03)5474-8500（代）　　振替 00170-7-2387
FAX ☎ (03)5474-8900

印刷　三美印刷　　製本　ブックアート
《検印省略》

サイエンス社・新世社のホームページ
のご案内
http://www.saiensu.co.jp
ご意見・ご要望は
shin@saiensu.co.jp　まで.

本書の内容を無断で複写複製することは，著作者および出版者の権利を侵害することがありますので，その場合にはあらかじめ小社あて許諾をお求め下さい．

ISBN978-4-88384-143-1
PRINTED IN JAPAN

経済学叢書 Introductory
金融論入門

清水克俊 著
A5判／240頁／本体2600円（税抜き）

本書は，現代における金融取引の初歩的な知識をつかみその意義を正しく理解することを目的とする入門テキストである．金融経済学と貨幣経済学の二大柱を軸に，各トピックにおける理論をわかりやすく説明する．さらに図表・コラムによってより現実的な問題にまで視野を広げることができる．2色刷．

【主要目次】
貯蓄と投資／金融市場と金融の基礎知識／貯蓄とリスク／証券の価値と売買／投資と金融／金融仲介／金融システムと規制／貨幣の理論／貨幣市場／金融政策とマクロ経済／国際金融／金融のトピックス

発行　新世社　　　発売　サイエンス社

グラフィック［経済学］5

グラフィック
金融論

細野薫・石原秀彦・渡部和孝 著
A5判／312頁／本体2700円（税抜き）

本書は，現代の金融にまつわる様々な問題を見据えつつ，その役割について基礎から学ぶことができる教科書である．むずかしい数式を極力使わず，分かりやすい解説と豊富な図版で，金融論を自力で理解できるよう配慮した．経済・経営系科目用，ビジネスマンの自習用としても最適な一冊．見開き形式・2色刷．

【主要目次】
第Ⅰ部 金融の基礎　　金融システム／貨幣
第Ⅱ部 企業の資金調達と銀行・金融システム
　　　企業の資金調達／銀行の役割と課題／金融規制
第Ⅲ部 金融市場　　利子率／株価／為替レート
第Ⅳ部 金融政策　　貨幣市場の需要と供給／金融政策

発行　新世社　　　発売　サイエンス社

コンパクト 経済学ライブラリ 2

コンパクト マクロ経済学 第2版

飯田泰之・中里 透 共著
四六判／208頁／本体1810円（税抜き）

本書は，マクロ経済学の「入門の入門書」として好評を博してきたテキストの改訂版です．初版刊行後の，リーマン・ショック，アベノミクスの登場，消費税率の引き上げといった大きな出来事をうけ，最近の経済政策に関する項目を大幅に改訂し，それに対応した統計データのアップデートも行っています．見開き・2色刷で読みやすく，初学者や短時間で基礎的知識を整理したい方に最適の一冊です．

【主要目次】
マクロ経済学を学ぶ／財市場の均衡／金融市場の均衡／IS-LM分析／労働市場とAD-ASモデル／労働市場をめぐる議論／マクロ経済学の発展／マクロ経済学と日本経済

発行 新世社　　発売 サイエンス社

コンパクト 経済学ライブラリ 4

コンパクト
財 政 学
第2版

上村敏之 著

四六判／224頁／本体1750円（税抜き）

本書は，財政学のエッセンスをわかりやすくコンパクトにまとめ好評を博してきた書の待望の改訂版である．最新の財政制度の情報と財政データにもとづき，内容をバージョンアップした．左頁に本文解説，右頁に財政データや概念図を配した左右見開き構成として現実感覚と直観的理解を生かすアプローチをとっている．経済学の予備知識がなくても読み通せる一冊．2色刷．

【主要目次】
財政と財政学／公共財／租税の基礎／租税の各論／公債／国と地方の財政関係／社会保障

発行 新世社　　発売 サイエンス社

コンパクト 経済学ライブラリ 1

コンパクト
経済学

井堀利宏 著

四六判／208頁／本体1600円（税抜き）

本書は，経済学の基礎をコンパクトにまとめた本ライブラリの中でも，最も基本となる入門書である．左頁の本文では経済学の基本理論を難しい数式を使わず明快に解説し，右頁には本文のトピックに関連する図やコラムを配して，読者の直観的理解を助ける構成となっている．経済学の基礎を知り，現実の経済問題を考える際の手引き書として，初めて学ぶ読者でも容易に読み進めることのできる一冊．見開き形式・2色刷．

【主要目次】
経済学とは／消費者の行動／企業の行動／市場のメカニズム／市場の問題／政府／金融／マクロ市場／マクロ政策／国際経済

発行 新世社　　発売 サイエンス社